www.tredition.de

AF215815

Adalbert Rabich

Der Untergang des Abendlandes

infolge nicht optimalen Nutzens
menschlicher Veranlagung zum Denken

© 2019 Adalbert Rabich

Verlag & Druck: tredition GmbH, Halenreie 40–44, 22359 Hamburg

ISBN

Paperback: 978-3-7469-2958-3
Hardcover: 978-3-7469-2959-0
E-Book: 978-3-7469-2960-6

Das Werk, einschließlich seiner Teile, ist urheberrechtlich geschützt. Jede Verwertung ist ohne Zustimmung des Verlages und des Autors unzulässig. Dies gilt insbesondere für die elektronische oder sonstige Vervielfältigung, Übersetzung, Verbreitung und öffentliche Zugänglichmachung.

Bibliografische Information der Deutschen Nationalbibliothek:

Die Deutsche Nationalbibliothek verzeichnet diese Publikation in der Deutschen Nationalbibliografie; detaillierte bibliografische Daten sind im Internet über http://dnb.d-nb.de abrufbar.

Der Untergang des Abendlandes[1]

infolge nicht optimalen Nutzens menschlicher Veranlagung zum Denken

Dr.-Ing. Adalbert Rabich

Dülmen, August 2019

---

[1]   Vergleiche: Oswald Spengler. https://de.wikipedia.org/wiki/Der_Untergang_des_Abendlande 1918ff.
https://www.getabstract.com/de/zusammenfassung/der-untergang-des-abendlandes/4218
https://faustkultur.de/3844-0-Gespraech-100-Jahre-Untergang-des-Abendlandes.html

Inhaltsverzeichnis

Die Dogmen einer ruhigen Vergangenheit passen nicht mehr zur stürmischen Gegenwart. Dieses Ereignis ist mit Schwierigkeiten beladen und wir müssen an diesem Ereignis wachsen. Da unser Fall neu ist, müssen wir ihm auch mit neuen Denk- und Handlungsweisen begegnen
Abraham Lincoln [1809 - 1865]

Denn was ist zumeist die »öffentliche Meinung«? Nichts als ein verworrenes Geräusch, das aus dem Zusammenstoß der so oder anders angestrichenen Bretter entsteht, welche die Menschen vor ihren Stirnen tragen. Johannes Scherr[2] [1817 - 1886]

Anmerkung zu den zahlreichen **direkt anklickbaren Fußnoten:**

In der Regel geben sie die Quelle an, vor allem bei wörtlichen Zitaten (in kursiv). Sie können zugleich Hinweis zu weiterführender Literatur sein. In geringem Maße mussten sie in Kurzform (tinyourl.com) angegeben werden.

Bei Aufteilen auf dem Computer-Bildschirm auf zwei Seiten kann die eine Seite für das Lesen des Textes, die andere für das der angeklickten Quellen genutzt werden, so dass zugleich die Gesamtheit des Textes zur Geltung kommen kann.

---

[2] aus: Menschliche Tragikomödie, 1884, 2. Bd.

Zusammenfassung

So mancher in den Sozialen Medien ist entsetzt über das Geschehen, das ihn in den Nachrichten tagtäglich erreicht, denn leben wir nicht seit über 200 Jahren im Zeitalter der Vernunft? Wie ist es denn bestellt um den Menschen, das besondere Wesen in der Natur, das mit der Begabung gedanklicher Vorstellungen und moralischer Unterscheidungsfähigkeit von gut und böse ausgestattet ist? Der sein rationales Handeln nach sich selbst gegebenen Regeln gestaltet, in denen z.B. die Prinzipien von Vernünftig- und Gerechtigkeit walten. Dessen Politiker ihre in die Zukunft reichenden Entscheidungen nicht nur nach dem Verstand und Gefühl[3] sorgsam vorbereiten und beurteilen, sondern auch auf ihre Effizienz prüfen sollten. Die Hoffnung, die internationalen Organisationen und Institutionen würden durchschlagenden Nützlichkeit und Gestaltungsmacht erbringen, wurde bisher nicht erfüllt.[4]

Die Erfahrung lehrt uns, dass die Menschen unterschiedlich denken, entscheiden und handeln, darunter solche, die nicht von Vernunft geleitet zu sein scheinen und der Gesellschaft schaden.[5] Zu den Ursachen dafür gehört offensichtlich, dass zu wenig nachgedacht wird, aber warum? Liegt es an der Veranlagung, daran dass die Fähigkeiten einzelner erschöpft sind oder an der Erziehung, am Einfluss von außen, den Informationen, denen er ausgesetzt ist und denen er glaubt und die womöglich seine Ängste schüren? Steht etwa die Propagierung von einseitig definierten Meinungen über der Wahrheit und objektiver Aufklärungspflicht?

Diesen Fragen auf den Grund zu kommen, wurde versucht, einzelne Punkte im Einzelnen zu erörtern, so die der Vernünftigkeit, Kritikfähigkeit, Selbstbestimmung und -organisation von Gemeinschaften, der Mitbestimmung durch Repräsentation des Volkes über Abgeordnete. Schon der Gedankenaustausch zwischen den an den Entscheidungen sich beteiligen Wollenden entspricht nicht immer dem Grundgedanken der Gemeinsamkeit, weil möglicherweise Ideologien oder Parteiinteressen das individuelle Denken beeinträchtigen. An zwei Beispielen wird das demonstriert: Verwendung atomarer Kern-Reaktion zu Waffen und an der Informations-Betonung des Klimawandels, bei dem sich die Geister scheiden.

Nicht allen ist bewusst, dass es Unzulänglichkeiten gerade in vorausschauender und kontrollierender Tätigkeit, Lücken im Denken und Überdenken der Verantwortlichen gibt, weil das Vermögen menschlicher und künstlicher Intelligenz nicht ausreicht oder nicht hinreichend genutzt wird, um das Bestmögliche zu erreichen oder das Denken dementsprechend zu korrigieren. Das zu überprüfen ist eine wichtige Aufgabe und ein umfassend und gründlich zu lösendes Problem[6], um nicht als Menschen insgesamt trotz menschlich-individueller Denkfähigkeiten im Kulturniveau abzusinken. Dafür ist noch kein Denkmodell erstellt oder gar durchgespielt worden, obwohl die Furcht, die Menschheit könnte sich selbst auslöschen, nicht ganz unberechtigt sein dürfte, weil die völlige Eliminierung der das Wohlergehen der Menschen störenden Elemente unwahrscheinlich ist.

---

[3] https://www.deutschlandfunk.de/gefuehl-gegen-verstand.1148.de.html?dram:article_id=179970
[4] https://de.statista.com/themen/208/vereinte-nationen-un/
[5] https://mentale-intuition.de/verstand-gegen-gefuhl/
[6] https://www.amazon.de/Problematik-offener-Probleme-Symptom-unserer/dp/3656570299#reader_3656570299 ISBN 9798-3-656-57029-5

Der Anstoß zum Nachdenken über die Zukunft

Es gibt unter uns Menschen immer solche, die in den Tag hineinleben, ohne sich Sorgen über ihre spätere Lebenszeit zu machen oder gar über das **Ende der Menschheit** zu grübeln, das offensichtlich abgewendet werden müsste, etwa deshalb, weil der Mensch die Umwelt zerstört und damit der Evolution eine andere Richtung gibt.[7] Unserer Vorstellung nach ist das Ziel der Evolution der belebten Welt nicht auf ein solches Ende gerichtete und wenn, kann der Mensch ein solches Ende verstandesgemäß verhindern.[8] Die meisten Religionen und Philosophien gehen davon aus, dass der Mensch auf der Erde kulturelle Lernprozesse vollzieht[9] und eine **Aufgabe** zu erfüllen habe.[10] Das Christentum kennt als einzige als Merkmal von Endzeit die Apokalypse.[11] Aber nicht alle Menschen sehen sie, oft vermeinen sie Gefahren des Unterganges feststellen zu können, weil ihnen diese als wissenschaftlich bewiesen dargestellt werden, was wohl keiner wirklich nachprüfen kann.

Der langsame und ungleichmäßige Fortschritt der geistigen Erkenntnis unseres Daseins brachte es mit sich, dass das Ungewisse darin unklar blieb und dass die Problematik des Lebens auf der Erde nicht in das Bewusstsein der meisten Menschen vordrang, weshalb einige als Propheten die Zukunft aus ihrer Sicht verkündeten, worin der **Weltuntergang** eine nicht unbedeutende Rolle spielt, denn er ist einerseits mit Katastrophen und andererseits mit Erlöservorstellungen verbunden.[12] Lange Zeit geisterten Weltuntergangsvoraussagen in der Welt[13] herum ohne realen Hintergrund, wie die moderne Wissenschaft es verlangt. Hier entstanden im 20. Jahrhundert vor allem drei **Hypothesen**, die als **Risiko-Warnung an** die Öffentlichkeit formuliert wurden:

- bestimmte Rohstoffe, die wir für die produzierten Güter oder deren Herstellung benötigen, sind im jetzigen Erforschungsstand nur in endlicher Größe vorhanden und müssen deshalb im Verbrauch begrenzt werden (Ressourcen)
- der anhaltende und zunehmende Zuwachs der menschlichen Bevölkerungszahl auf der Erde erfordert bei Halten des jetzigen Lebensniveaus mindestens eine Regulierung oder Anpassung des Konsums (Überbevölkerung)
- Wenn der reale anthropogene Einfluss auf die qualitativen Lebensfaktoren des Menschen zerstörerisch wird, die Ursachen dafür sicher erkannt sind und darüber Einigkeit in der wissenschaftlichen Welt erreicht ist (z.B. globales Klima/Klimapolitik). sollte dies zu einer entsprechenden Lebensauffassung bzw. -umstellung führen und die Menschen zu Gegenmaßnahmen veranlassen.

Diese Warnungen können weltweit nur so verstanden werden, dass sie entsprechende Strategien und Handlungen zur Abwehr eines kritischen Zustandes auslösen, was jedoch die Erfüllung bestimmter Voraussetzungen bedingt und da herrscht oft Uneinigkeit unter den Beteilig-

---

[7] https://allesevolution.wordpress.com/2011/12/23/die-evolution-hat-kein-ziel-folglich-gibt-es-auch-keinen-evolutionaren-druck/ https://gbs-schweiz.org/blog/weshalb-die-evolution-kein-ziel-hat/

[8] https://tinyu Gerhard Schutz Evolution in Natur und Kultur. 2011**https://tinyurl.com/y3gl85lv**

[9] https://tinyurl.com/y45vpn4l M. Tomasello. Die kulturelle Entwicklung des menschlichen Denkens.

[10] https://tinyurl.com/y4ktl4m5

[11] https://www.sueddeutsche.de/kultur/kulturgeschichte-die-apokalypse-ist-gut-fuer-die-menschheit-1.3075776

[12] https://de.wikipedia.org/wiki/Endzeit http://www.gym-hartberg.ac.at/schule/images/stories/Religion/themen_matura/24_Apk_Weltreligionen.pdf

[13] http://www.unmoralische.de/weltuntergang.htm siehe auch Fußnote 1

ten, ein bloßer Konsens unter einer Reihe von Wissenschaftlern und Politikern reicht hier nicht, das Vertrauen muss berechtigt sein. Sind hier abweichende Meinungen – vielleicht mit Begründungen – bereits vorhanden, dann muss mehr Aufklärungs-Aufwand getrieben werden, um bei der Bevölkerung Einsicht in die spezielle Risiko-Problematik und die Notwendigkeit des Gegensteuerns zu erzeugen.

Die Knappheit bestimmter Stoffe in der Erdrinde ist, solange man nicht auf andere Stoffe ausweichen kann. eine Tatsache. Die derzeit dramatische Entwicklung der Weltbevölkerung, deren Existenz statistisch ermittelt wird und die offenbar nicht zu bremsen ist, ist eine Tatsache. Dagegen ist gegenwärtig die anthropogenen Stimulierung einer atmosphärischen Erwärmung durch das durch Verbrennung entstandene Gas Kohlendioxid nicht eindeutig erforscht, es ist noch ein Problem.[14] Sowohl das Ausmaß der Anreicherung wie auch die Verteilung des Gases in der Atmosphäre werden zwar zunehmend quantitativ konkreter erfasst, aber die politische Initiative mit der Gründung eines zwischenstaatliche Ausschusses (IPCC) wird 1988 dahingehend forciert, sich **Gewissheit** verschaffen zu wollen. Schätzungen taugen hierfür nicht.[15]

Wir heutigen Menschen sind aus dem Zeitalter heraus, wo als wahr gilt, was man **glaubt**, weil man eine Überprüfung nicht für nötig erachtet oder weil sie für den Zweifler nicht möglich ist. Auch im aufgeklärten Zeitalter zählt für viele Individuen nicht, was Fachleute experimentell belegen oder auf andere Art beweisen, sondern was **individuell nachvollziehbar** ist. Oft traut das einzelne Individuum denjenigen, die seine eigene Meinung stützen als denjenigen, die grundlegend andere Ansichten, die man selbst nicht überprüfen kann, aber wahr und richtig sein können, vertreten.[16] Dieses Kriterium verhindert, dass der Glaube aus dem politischen Leben verschwindet und ermöglicht andererseits, einen solche als Machtinstrument einzusetzen bzw. zu missbrauchen. So können **Ideologien zur Treibkraft von Politik** werden. selbst wenn sie **unvernünftige Standpunkte** beinhalten.[17]

Im Laufe der Evolution haben sich menschliche Gruppen (Gesellschaften) und Organisationen gebildet, in denen das Individuum sich nach vorgegebenen Regeln verhalten muss und in denen ein entsprechendes (leitendes oder regierendes) Organ vorhanden ist. In einem derartigen System bestimmt die Politik das staatliche Handeln, sie gibt die Ziele vor und bedient sich - falls erforderlich - dabei wissenschaftlichen Rates.[18] Die Politik ist fast immer Interessen ausgesetzt, ja sie selbst hat Interesse an Macht und Herrschaft, weshalb sie sich auch nicht scheut, **Ungewissheiten und Bedrohungen** für sich zu nutzen, was zahlreiche reale Fälle immer wieder beweisen. Warum sich die Politik sich plötzlich intensiv um Umweltkrisen als Auslöser von begrenzten Konflikten[19] kümmert, ist unbekannt. Das Welt-Klima der uns umgebenden Atmosphäre ist offensichtlich ein übergeordnetes ideologisches Problem, denn sie soll durch uns selbst in einen Überwärmungszustand angehoben werden[20], was ge-

14 https://de.wikipedia.org/wiki/Forschungsgeschichte_des_Klimawandels
15 https://www.eike-klima-energie.eu/2019/05/25/die-verfaelschung-von-ipcc-berichten-durch-die-bundesregierung/
16 https://www.wienerzeitung.at/nachrichten/kultur/mehr-kultur/871138-Zeitalter-des-Glaubens.html?em_cnt_page=2
17 https://www.brandeins.de/corporate-publishing/das-buch-der-fragen/die-grundsaetze-unserer-unvernunft
18 https://link.springer.com/chapter/10.1007/978-3-322-89004-7_2 R. Mayntz, Wissenschaft, Politik und die politischen Folgen kognitiver Ungewißheit. 1999 Literatur-Quellen über Google scholar.
19 http://www.bpb.de/apuz/26373/umweltpolitik-und-nachhaltige-friedenspolitik?p=all
20 https://www.eike-klima-energie.eu/2019/05/11/der-missverstandene-klimawandel/

waltige Nachteile für uns Menschen verursachen würde wie Dürre und danach Hungersnöte usw. Unter den deshalb intensiv agierenden Staaten ist dann die Bundesrepublik einer davon, der wegen der außerordentlichen Brisanz relevante Forschungen anregt und bezahlt. Zweifler werden in die Projekte nicht eingebunden.[21] Dabei ist das wahre Bedrohungsmaß keineswegs gesichert.[22]

Fast täglich werden wir heutigen Menschen durch die Medien etc. mit Informationen überschüttet, dass es schwerfällt, deren **Wahrheitsgehalt** zu untersuchen oder sich für etwas zu entscheiden, etwas für **glaubwürdig** zu halten. So löst die Klimakrisen-Prophetie Schicksals-Angst aus, denn das Ungewisse wird – mit einer gewissen Wahrscheinlichkeit, wenn die Wissenschaft das feststellen kann, irgendwann – vielleicht in den nächsten Jahrhunderten schon – zur Wirklichkeit werden, Die demokratisch geschützte **Meinungsfreiheit** lässt auch Unsinniges und Falsches zu[23], gezielte Propaganda[24] ist nicht verboten, es gibt keine staatliche Kontrolle oder Instanz, die solches rügt oder unterbindet: den Bürger vor Lug und Betrug schützt[25] und vor Verunglimpfung, ihm wahrheitswidrig etwas unterstellt, in der vermutlichen Gewissheit, rechtlich nicht geahndet zu werden.[26] Lediglich der (vorsätzliche) Missbrauch von Artikel 18 GG wird geahndet.[27] Ist man bereits Verfassungsfeind, wenn eine klare Sprache Mängel im System aufzeigt?[28] Wenn man sich gegen die **Meinungsmacht der Medien** stemmt?[29] Wie soll und muss man sich da individuell verhalten, **was kann man tun**?

Offenbar sind wir nicht in der Lage, uns in der kulturellen Evolution genau zu verorten und unseren Einfluss darauf abzuschätzen. Unsere Denkfreiheit wird durch verflachende Zivilisation u.a. eingeschränkt auf Denkbahnen, Denkschablonen. Der moralische Unterbau, die Vernunft ist kein primärer Faktor mehr. Bedauerlicherweise wissen wir nicht, in wieweit das **kreative Individuum** die Kulturentwicklung vorangetrieben hat; es ist Teil eines gesellschaftlichen Systems und von daher geistig manipulierbar. So ist Angst eines der Mittel, mit der man die Menschen in Aktivitäten lenkt, z.B. heute vor einem Klima-Kollaps. Das ist seit Jahrtausenden so. Bei demokratischen Wahlen wird dies oft damit verbunden, dass man die **bessere** Partei zum Bewältigen dieser Krise sei, man wisse es sicherer als die anderen oder gar die von Minderheiten, obwohl gerade in der Minderheit höhere Denk-Qualität herrschen kann und man daher deren Ergebnisse und Warnungen nicht vernachlässigen darf. Welche objektiven und uneigennützigen Aufklärer existieren heute?[30]

[21] https://www.eike-klima-energie.eu/2019/06/16/klima-panik-der-missbrauch-des-klimawandels-und-seine-profiteure/ Weltwoche Nr. 23 (2019) 06.06.2019
[22] https://www.eike-klima-energie.eu/2019/02/22/weltklimarat-ipcc-zum-co2-alles-halb-so-schlimm/
[23] https://www.welt.de/politik/deutschland/article181690888/Bundeskanzlerin-Merkel-aeussert-sich-besorgt-ueber-Debattenkultur-in-Deutschland.html
[24] https://www.bpb.de/gesellschaft/medien/130697/was-ist-propaganda
[25] https://www.zukunftsinstitut.de/artikel/die-neue-aera-der-propaganda/
[26] https://www.carta.info/79284/vom-falschen-verstaendnis-der-meinungsfreiheit/
[27] https://www.lto.de/recht/hintergruende/h/70-jahre-gg-art-18-grundrechte-missbrauch-verwirkung-wehrhafte-demokratie/
[28] https://www.dw.com/de/wie-verfassungsfeinden-grundrechte-entzogen-werden-k%C3%B6nnen/a-49270470 *Mitglieder der AfD benutzen eine Sprache, die enthemme und zu Gewalt führe.(Peter Tauber)*
[29] https://equapio.com/gesellschaft/meinungsfreiheit/
https://www.achgut.com/artikel/uni-bremen_meinungsfreiheit_nur_fuer_gleichgesinnte
[30] https://de.wikipedia.org/wiki/Vordenker_der_Aufkl%C3%A4rung

Vor allem die jungen Menschen plagen meist ganz andere reale Zukunfts-Sorgen[31], denn unablässig wird ihnen von allen Seiten klargemacht, wie ungerecht die Welt ist, wie der Frieden fortlaufend gefährdet ist, welche Krisen der Wirtschaft, der Finanzen usw. bevorstehen. Wie wird die Arbeitsmöglichkeit für sie sein? Zudem leben sie in einer Welt, in der der persönliche Kontakt untereinander zunehmend verloren geht. Die Lebenserfahrungen älterer Menschen zählen nicht mehr, man tobt sich mit seiner Meinung in anonymen Medien aus; dem Internet-Netz entrinnt der moderne Mensch kaum noch, aber es ist eine unzuverlässige Quelle. Hier lernt er nicht, **selbständig kritisch zu denken**, wieso auch? Das ist schon kein Lehrfach in der Schule und dort auch kaum zu erwarten, denn dann würde man über die Politik und so manches in der Presse und den Medien wie Fernsehen auch hinsichtlich der Vertrauenswürdigkeit und der Lügen nachdenken, bevor man sich endgültig seine eigene Meinung bildet. Dabei ist die Frage, was denn nun **politisch vernünftig** sei, noch gar nicht gestellt[32]. Ein Diskurs[33] darüber scheint aber dringend erforderlich.

Die Selbstbestimmung des menschlichen Individuums und der Menschheit.

Man geht heute davon aus, dass jeder Mensch das Recht hat, sein Leben selbst zu gestalten und sich zu einer Persönlichkeit zu entwickeln. Das bedeutet, dass er sein Handeln nicht nach der Haltung oder Auffassung anderer Menschen ausrichtet oder gar der in den Medien oder in der Werbung ausgedrückten Geistesrichtung folgt, was ein bewusstes Denken und Überlegen erfordert, denn die Freiheit, dieses Grundbedürfnis umzusetzen, ist nicht selbstverständlich, einerseits müssen lernen, aus unseren Fehlern zu lernen und andererseits müssen wir uns arrangieren, weil wir nicht allein in dieser Welt leben. Dann müssen wir moralischen Verpflichtungen nachkommen. Wir hier in Deutschland haben über Jahrtausende glauben müssen, was der Herrscher ihnen verordnet hat[34], aber jetzt sind wir keine Untertanen mehr, wir sind uns selbst verantwortlich, was notwendigerweise heißt, **Selbstkritik** an sich zu üben, um sich im Selbstwertgefühl zu stärken.[35] Aber man muss sich der Grenze des Selbstüberzeugtseins bewusst sein, dass man allein das Richtige wisse und tue[36], denn das stört die sozialen Beziehungen.[37]

Auch den **Völkern** gesteht man ein **Selbstbestimmungsrecht** zu, das Volk ist ein Souverän.[38], wobei ein Volk nicht unbedingt gebietskonform sein muss. Schwierigkeiten der Ausübung dieses Rechtes treten durch die Inhomogenität der Bevölkerung und die Anspruchserhebung auf dieses Recht, wo als Beispiel die Krimkrise 2014 gelten kann.[39] Hier spricht man auf

---

[31] https://www.jetzt.de/meine-theorie/generation-k-und-die-angst-vor-der-zukunft
[32] https://www.kas.de/einzeltitel/-/content/politische-korrektheit
[33] https://www.uni-due.de/genderportal/studis_diskursbegriff.shtml
[34] https://de.wikipedia.org/wiki/Cuius_regio,_eius_religio
[35] https://dubistgenug.de/selbstkritik/
[36] https://www.zeitblueten.com/news/umgang-arrogante-personen/
[37] http://www.gavagai.de/amigos/HHDA08.htm   Arroganz bei Politikern
[38] https://de.wikipedia.org/wiki/Selbstbestimmungsrecht_der_V%C3%B6lker
[39] https://de.wikipedia.org/wiki/Krimkrise

der einen Seite den Bürgern der Krim das Recht ab, sich für einen Anschluss an ein anderes Land zu entscheiden, auf der anderen Seite besteht die völkerrechtliche Durchsetzungspflicht für die Selbstbestimmung.[40] Die Politik entscheidet aber nicht nach rechtlichen Gepflogenheiten, sondern unter politischen Erwägungen.[41]

Die Menschen sind Teil der Natur und diese hat auf der Erde einen Ursprung und einen evolutionären Weg. Zu ihrer Artenvielfalt gehört der Mensch bzw. die Menschheit in ihrer Gesamtheit.[42] Er ist mit Begabungen ausgestattet, das Wahrgenommene geistig zu verarbeiten und Zusammenhänge zu erkennen, ja er kann mit Vernunft die Natur mitgestalten oder das Gegenteil davon, nämlich die Natur zerstören. Er kann sich gewissermaßen seine eigene Lebensnische schaffen, die Kultur seines Daseins aufwerten.[43] Schließlich gibt es innerhalb der Menschen immer solche, deren Erkenntnisfähigkeit höher als bei anderen ist und gleichzeitig sich in **Verantwortung für vernünftiges Handeln** sieht.[44] Das Einsatzgebiet kann vornehmlich die Politik sein, denn hier ist friedliches und soziales Leben nicht Allgemeingut. Als Mitglied des *Gemeinwesens, das historisch gewachsen ist und dessen Normen sich nicht allein aus der Vernunft ableiten lassen*, hat er sich einzuordnen, seine Autonomie endet da.[45]

Die im politischen Leben Betroffenen haben oft nur begrenzte Fähigkeiten, sich ein eigenes Bild vom umgebenden Geschehen zu machen – und viele begnügen sich mit ihrem Gefühl, wollen auch nicht alles kritisch durchleuchtet wissen, sie verzichten auf eine Selbstbestimmung, obwohl ihr Vertrauen z.B. in die Politiker geschädigt ist.[46] Ihre psychische Widerstandskraft ist einfach erschöpft, sie gehen in einen resignierenden Zustand. Das Ausmaß davon in der Menschheit gibt einen Hinweis, wieweit die Zukunft positiv einzuschätzen ist.

Es wird behauptet, dass viele Menschen dann, wenn sie mit ihrem Leben zufrieden sind und keinen Einbruch in ihr Wohlbefinden zu erwarten haben, einfach nach dem Prinzip des laissz-faire[47] ihr Dasein verbringen. *Es wird sich schon alles hinläppern*, warum soll man da eingreifen? Das ist das, was unter kapitalistischer Bedrohung gesehen wird: *dem Gemeinwohl wird am besten durch die unbeschränkte Verfolgung der Eigeninteressen gedient.*[48] *Die wichtigste wissenschaftliche Stütze der **Laissez-faire-Doktrin** ist die Theorie, wonach freie und vom Wettbewerb beherrschte Märkte Angebot und Nachfrage in ein Gleichgewicht bringen und dadurch eine optimale Zuordnung der Ressourcen gewährleisten.* Das ist in der Realität jedoch nicht gewährleistet, wie man am Finanzmarkt studieren kann, die Informationen und Erwartungen sind nicht mehr gleichgewichtet auf die Markt-Teilnehmer verteilt. Was man allgemein auch in anderen Märkten und Handlungsebenen feststellen kann.

---

[40] https://www.wissensmanufaktur.net/krim-zeitfragen/ https://www.rubikon.news/artikel/die-verleumdung
[41] https://www.zeit.de/2017/40/sezession-voelkerrecht-katalonien-kurdistan
[42] https://kulturkritik.net/quellen/sinnnatur.html http://scienceblogs.de/evolvimus/2010/11/25/nichts-macht-sinn-in-der-biologie/ Nils Cordes, 2010
[43] https://www.zeit.de/zeit-wissen/2014/01/mensch-evolution-zukunft/seite-3
[44] https://www.welt.de/wissenschaft/article119945856/Hat-der-Mensch-seine-eigene-Evolution-gestoppt.html
[45] https://www.tagesspiegel.de/meinung/selbstbestimmung-auch-die-autonomie-hat-grenzen/8701730.html
[46] http://www.bpb.de/gesellschaft/digitales/digitale-desinformation/290527/kritische-medienkompetenz
[47] https://de.wikipedia.org/wiki/Laissez-faire
[48] https://www.zeit.de/1997/04/Die_kapitalistische_Bedrohung/seite-3 George Soros 1997
https://www.misesde.org/?p=15289 Jeffrey Tucker 2017 Ludwig von Mises Institut Deutschland
https://www.ecogood.org/de/menu-header/blog/nach-welchen-regeln-wollen-wir-leben/ letzter Abs.

Das oder der Ordnende und die Selbstorganisation.

Erst wenn die Menschen genügend Zeit und Muße hatten, über den Sinn des menschlichen Lebens, seine Einordnung in das Geschehen der Natur nachzudenken, begann das Zeitalter der Philosophen[49], in denen man sich über die Deutung hinaus um das Verstehen der Welt und über die Sinnhaftigkeit menschlichen Zusammenhaltes der Menschen geistig bemühte. Wir wissen nicht, ob zu den **Grundprinzipien ihres Denkens** so etwas wie die Sehnsucht nach Harmonie, nach Ästhetik, nach Weisheit usw. gehörte, denn aus heutiger Sicht weitete sich das menschliche Denken auch in **dualen Gegensätzen**[50] aus wie wertende Eigenschaften moralisch gut und böse, arm und reich usw. Das Denken und Handeln in moralischen Grundsätzen wird durch kulturelle Prägungen fixiert, weshalb uns erst die Befreiung von solch einengenden Regeln eine undogmatische Weltsicht erlaubt.[51].

Was veranlasste nun die Menschen, etwas zu idealisieren und Vorstellungen eines Weltunterganges und Ängste dazu zu entwickeln? Ist so etwas, wenn es zielgerichtet angegangen wird, bereits böse? Entscheidet der Mensch nicht selbst, ob er etwas Böses, wenn er sich dessen bewusst ist oder wird, in seinen Handlungen vornehmen oder unterlassen **will**?[52] Vermutlich waren bereits in prähistorischen Gesellschaften ethische Regeln für das Zusammenleben notwendig.[53] Oder ist **Moral** eine evolutionäre Zweckmäßigkeit von Kooperation?[54] Dann könnte Moral (als Wertsystem der Menschen) auch ein Produkt von Intelligenz sein?[55] Zur Unvernunft braucht es keines Verstandes.[56]

Von unklaren mythischen Vorstellungen über das Universum, in denen Götter übermächtig herrschten und den Sinn des Daseins der Natur veränderten, weitete sich die Sicht durch die Erfahrungen und Erforschungen der Naturkräfte und ihrer Gesetzmäßigkeiten, auch heute gewinnen wir ständig neue Erkenntnisse über die Wechselwirkungen der Systeme und ihrer Elemente, das Zustandekommen eines Ganzen, von Komplexität., was man aus dem Verhalten der Einzelsysteme nicht ohne weiteres erschließen kann, z.B. wie sich viele Einzelwirbel zu einer turbulenten **Wolke** zusammenschließen.[57] Das wird unter dem Begriff **Selbstorganisation** geordnet, in der *Naturverständnis und menschliches Selbstverständnis konvergieren. Das Paradigma der Selbstorganisation ermöglicht eine naturtheoretische Selbstinterpretation des Menschen.*[58] *Die Eigendynamik der Materie* (Selbstorganisation) *basieret auf den Prinzipien der energetischen Offenheit, der operationalen Geschlossenheit und der Stabilität.*

---

49 https://de.wikipedia.org/wiki/Philosophie https://www.sapereaudepls.de/einzeldisziplinen/philosophie/
50 https://de.wikipedia.org/wiki/Geschichte_der_Religion Die Entdeckung des Übernatürlichen, Literatur [18]
51 https://www.deutschlandfunkkultur.de/wenn-moral-religioes-wird.950.de.html?dram:article_id=137990
52 https://www.hoheluft-magazin.de/2017/02/reflexe-4-das-boese-und-das-boese-denken/
   https://www.grin.com/document/205674 Widersprüche im Denken und Wollen. Tobias Klaas, 2012
   https://www.narabo.de/kant-und-wie-man-die-moralitaet-einer-handlung-ueberprueft 2018
53 https://de.wikipedia.org/wiki/Geschichte_der_Ethik
54 https://www.spektrum.de/magazin/evolution-der-moral/1354593
   https://www.sueddeutsche.de/wissen/evolution-woher-kommt-die-moral-1.2794931
55 https://tinyurl.com/yys5bpt6 Holger Lahayne, 2014s Orientierung
56 https://kiosk.brandeins.de/products/triumph-der-unvernunft-was-irrationales-denken-anrichtet-und-wozu-es-gut-ist
57 https://www.mpg.de/154375/dynamik_selbstorganisation
58 https://link.springer.com/chapter/10.1007/978-3-322-86545-8_7

Beispielhaft tritt Selbstorganisation bei der Erhitzung von Flüssigkeiten mit den Konvektionszellen zutage.[59] Auch Dendriten machen den Einfluss von Gradienten, z.B. der Temperatur oder in mehrkomponentigen Systemen der Konzentrationen auf die Strukturbildung deutlich.[60] Bei einem Baum wirken Ökonomieprinzip und Zufallsgeschehen auf Verzweigung und Blattbildung, jedoch bei einem **Modellbaum** können nicht alle Wachstums-faktoren berücksichtigt werden.[61] Bei einer Vielzahl von (nichtlinearen) Prozessen haben wir ein **hochkomplexes System** vor uns, wie es beispielsweise das **Klima** dieser Erde darstellt, das deshalb zur Berechnung heruntertransformiert wird auf ein **Modell**, um die Auswirkungen von Einflüssen und Veränderungen zu studieren. Das endliche Wissen um die sich abspielenden Vorgänge drückt sich allerdings in **Ungewissheiten** aus.

Der Mensch in dieser Welt ist ein denkendes Wesen, das all diesen Betrachtungen über die Prozessontologie der Selbstorganisation nicht nur kritisch gegenübersteht, sondern auch in Handlungen umsetzen kann, wobei wiederum die **Vernunft** eine große Rolle spielt.[62] *Der Mensch ist zwar das einzige im wahrsten Sinne mit Vernunft begabte Wesen, aber er ist eben doch, wie sich aus seiner Gehirnstruktur ableiten lässt, kein reines Vernunftwesen. In 2000 Generationen hat sich offenbar die genetische Grundstruktur erhalten, weshalb die Ethik ein luftschloßartiges Gebilde bleiben müsse,* wenn der Mensch sich nicht rückbesinnt auf seine ureigensten Pflichten als kulturell ausgereiftes „vernünftiges" Lebewesen. Der Mensch hat ein „natürliches" Empfinden für Zustände wie Gerechtigkeit, Schönheit, Vernünftigkeit, aber eben nicht alle Menschen in gleicher Weise, in gleichem Maße. Das Empfinden, das Gefühl ist ein Entwicklungsprodukt und kulturabhängig.

Selbstorganisation und Demokratisierung sind in menschlichen Organisationen und Unternehmen zu Zauberworten geworden, wo das zentrale Management entfällt, es wird in die Ebene unterhalb oberster Hierarchie eingeordnet. *Die repräsentative ‚Demokratie' und ihre Gesetzgebung produzieren lediglich exklusive soziale Informationen, weil die politischen Entscheidungen (z.B. Verabschiedung von Gesetzen) von denjenigen, die von den Entscheidungen betroffen sind, weitestgehend entkoppelt sind. Dabei führen Mehrheitsprinzipien zum Ausschluss von Minderheiten.*[63] **Politische Selbstorganisationen** auf nationaler Ebene behaupten, gleichberechtigte Menschen zu vereinen, auf nationaler Ebene in der ökologischen Bewegung, auf transnationaler Ebene sind es die NGOs[64], die sich im Wesentlichen aus Spenden finanzieren. Sie bleiben jedoch bislang wenig erfolgreich, oft erscheinen sie als Moralisten.[65] Selbstverwaltete Gruppen haben Schwierigkeiten, zu Beschlüssen zu kommen; manch Initiativmensch kommt nicht zum Zuge, schon gar nicht mit dem Argument Vernunft.[66]

Manche Berater versprechen, dass Kollegialität von **Führung** und Mitarbeitern die Effizienz und Kreativität steigern soll. Aber hier sind individuelle Eigen-Disziplin und Verhaltensreife

[59] https://www.lernhelfer.de/schuelerlexikon/physik-abitur/artikel/selbstorganisation 2010
[60] https://www.dlr.de/mp/en/Portaldata/22/Resources//0_Vorwort_und_Inhalt.pdf Universität Bochum
[61] https://www.uni-muenster.de/imperia/md/content/fachbereich_physik/didaktik_physik/publikationen/ gestalt_von_baumen_rode.pdf https://de.wikipedia.org/wiki/Selbstorganisation
[62] https://tinyurl.com/y5hwrwbd Wolfang Böcher, Selbstorganisation, Verantwortung, Gesellschaft. Springer. 2013 ISBN 3322835790 (/Vorgänger, Wetdeutscher Verlag 1996)
[63] https://www.graswurzel.net/gew/2001/10/soziale-selbstorganisation-und-demokratie/
[64] https://de.wikipedia.org/wiki/Nichtregierungsorganisation
[65] https://www.lernhelfer.de/schuelerlexikon/politikwirtschaft/artikel/politische-selbstorganisation
[66] https://bildungsagenten.org/selbstorganisation/ Zwischen Basisdemokratie und Diktatur. 2019

erforderlich.[67] Entscheidungen im Konsens herbeizuführen, ist erfahrungsgemäß eine problematische Sache. *Je weniger „Führung" in einer Organisation, umso höher sind die Anforderungen an die **Persönlichkeitsentwicklung** der Mitarbeiter.* Weil das individuelle Verhalten noch durch erworbene Emotionen bestimmt wird, kommt die Einbettung in den **Kulturkreis der Person** als Einflussgröße hinzu.[68] Vermutlich werden die angeborenen Emotionen, die z.B. als angenehm oder unangenehm empfunden werden, dadurch sogar gesteuert. Wieweit da z.B. das Empfinden vom Schönen und Gerechtigkeit vorhanden ist, ist nicht erforscht – und auch nicht vom „Vernünftigen". Das Wohlgefallen am Schönen hängt von der Reflexion des Gegenstandes ab[69], das (subjektiv) Rechtsgefühl vom jeweiligen Kulturprinzip, Bewerten ist meist individuell basiert, zum Teil erlernt.[70]

Ab wann ein Individuum nun befähigt ist, **Eigenverantwortung** – auch im Zusammenspiel mit einer Gemeinschaft – zu übernehmen, ist oft unklar.[71] Fordern kann man zwar so manches, aber ein Entscheiden sollte zur Zufriedenheit aller ausfallen, sittlich begründet, möglichst **vernünftig** sein. *Der Drifter lässt sich einfach vom Strom des Lebens mitreißen, wolle nicht kontrollieren, planen und steuern, sondern stattdessen ein situatives Selbst entwickeln.* Vernünftig handeln, setzt Reife und Denken voraus. *Die richtige Abwägung ethischer Güter und ihre Durchsetzung setzt **Tugend** voraus.*[72] Die Tugend wiederum beruht nicht nur auf dem hierfür nötigen Erkennen, sondern auch auf Gewöhnung, die durch Erziehung und soziale Praxis erreicht werden kann. Liegen hier Mängel vor, gelten diese als Einschränkungen und deshalb ist nicht jeder geeignet, in einem System der Selbstorganisation effektiv tätig zu werden.

Die Vernunft und die Vernünftigkeit als Kontroll-Maßstab.

Dass der Mensch geistige Fähigkeiten hat, mit denen er die sinnlichen Wahrnehmungen verarbeiten kann, ist sicherlich schon in vorhistorischer Zeit beobachtet worden – und man hat wahrscheinlich dabei auch herausgefunden, dass es besonders Befähigte gibt. Umgangssprachlich verbindet man damit das Wort **vernünftig**, seinen Verstand gebrauchend, vorausschauend die möglichen Folgen seines Handelns beachtend. So kann man die Menschen klassifizieren in solche, die sich demgemäß verhalten und solche, die sich wesentlich von Emotionen oder von „Autoritäten" leiten lassen.[73] *Wenn der Mensch so viel Vernunft hätte, wie Verstand, wäre vieles einfacher.*[74] Für das Prüfen auf Vernünftigkeit kann man zunächst Indizien benutzen, z.B. hinsichtlich, welche Annahmen getroffen wurden (Plausibilitätskontrolle[75]). Erst die Rückschau zeigt, ob sie „richtig" waren. Die meisten *Menschen* sollen *Ent-*

[67] https://kultur-wandeln.de/selbstorganisation-holokratie-loest-nicht-alle-probleme%E2%80%8A-und-wird-oft-selbst-zum-problem/
[68] https://de.wikipedia.org/wiki/Evolution%C3%A4re_Emotionsforschung
[69] https://www.zeit.de/2017/21/psychologie-immanuel-kant-schoenheit-reflex
[70] Also https://tinyurl.com/y5mbc9ew
[71] https://www.zukunftsinstitut.de/artikel/wir-gesellschaft/selbstorganisation-formt-unsere-zukunft/
[72] https://de.wikipedia.org/wiki/Ethik
[73] https://de.wikibooks.org/wiki/Sei_doch_vern%C3%BCnftig:_Immer_vern%C3%BCnftig_sein%3F
[74] Linus Pauling 1901 bis 1994. https://de.wikipedia.org/wiki/Linus_Pauling
[75] https://de.wikipedia.org/wiki/Plausibilit%C3%A4tskontrolle

*scheidungen treffen, **ohne** Nutzen und Wahrscheinlichkeiten zu berechnen*[76], die Vernünftig-keit zu prüfen.

Wir heutigen Menschen sind in der Regel davon überzeugt, dass wir uns in einer Zeit eines Überganges von Vergangenheit zur Zukunft befinden und kurzzeitig während unserer Lebenszeit an einer Evolution der Weltordnung teilnehmen und bereits eine Entwicklungsstufe erreicht haben, wo **Vernunft**[77] waltet, wo allgemein „vernünftig" gehandelt wird, also dem Anspruch an ein Mindestmaß an Wert und Moral gerecht wird, das sich die Menschen jedoch selbst zur Orientierung setzen, normieren, ja zum Leitbild von **Rationalität** gemacht wurden.[78] Aber die **Regeln** dazu werden nicht überall und zu jeder Zeit einhalten, was wir mit unserem Verstand feststellen können, z.B. aus unterschiedlicher Motivlage an Religiosität, Ideologie usw. heraus.[79] Wir können annehmen, dass die heute als Begriffe verwendeten Eigenschaften wie gut, vernünftig ursprünglich diffus, unscharf waren; sie drückten lediglich eine **ethische Denkrichtung**, z.B. für das Zusammenleben in einer Gemeinschaft aus. Im 18. Jahrhundert überwand die Aufklärung die Schranken zur Vernunft, nüchterne Argumente waren gefragt, während wir heute wieder mehr moralisch politisieren.

Für so manches Individuum sind die Forderungen nach Vernunft nicht konkret genug. So bleibt nicht aus, dass sich so mancher fragt, wo das Gemenge an Vernünftigem und Unvernünftigen, an Rationalem und Emotionalem wohl hinsteuert oder gesteuert wird und ob das einzelne Individuum „Unvernünftiges" überhaupt und wie verhindern kann und dazu womöglich Religion, den Glauben zu Hilfe nimmt.[80] Manche empfinden, in und mit Vernunft zu handeln, sei eher lästig, das Ausleben in Emotionen beschränkend. Aber es gibt die Erkenntnis dieser Einseitigkeit und Gefahr in der Wirklichkeit. *Wer von Politik **vernünftige** Entscheidungen erwartet, hat nicht begriffen, dass der Wille zur Macht stärker ist als jede Vernunft.*[81]

Das Verhalten einer Gemeinschaft wird nicht nur von denen darin Lebenden, sondern auch ggf. von einem ausgewählten Individuum, dem man die größte **Führungs-Kompetenz** zutraut, z.B. wie wir es in einer Hierarchie wie dem Patriarchat oder einer Monarchie finden. Dieser Autoritäts-Person vertraut dann der Untergebene sein Leben an, womit dieser zugleich eine Machposition einnimmt. In einigen Varianten gibt es noch Gremien mit beratender Funktion, aber es bleibt fraglich, ob die zu treffenden Entscheidungen optimal getroffen werden. In vielen Fällen entfiel ein Wahl- und Vertrauensprozess, die Stellung wurde traditionell weitergegeben. Die Untergebenen hatten meist nur einen geringen Einfluss auf das politische oder das Volk betreffende Angelegenheiten, die Herrschaft bestimmte.[82] Das schuf Unzufriedenheit, man lehnte sich gegen Fremdbestimmung auf. Unabhängigkeit und Freiheit wurden zu Idealen, denen man nachstreben müsse, aber kaum erreichen könne, weshalb Machtstrukturen und Untertanengeister auch in anderen Staatsformen erhalten bleiben.

76 https://www.dasgehirn.info/denken/emotion/verstand-gegen-gefuehl nach Gerd Gigerenzer
77 https://de.wikipedia.org/wiki/Vernunft
78 https://www.alternativ-report.de/2019/03/27/ende-eines-zeitalters-die-vernunft-ist-auf-dem-rueckzug/
79 https://link.springer.com/chapter/10.1007/978-3-531-92835-7_8
80 http://tinyurl.com/y2rzx8m4 Mathias Mühe, Ratio und Religio. aventinus varia Nr. 38 [24.02.2013] / PerspektivRäume Jg. 2 (2011) Heft 1, S. 61-70
81 http://www.roland-baader.de/macht-oder-vernunft-warum-die-weltfinanzkrise-nicht-vernunftig-gelost-wird/
82 https://de.wikipedia.org/wiki/Untertan https://fassadenkratzer.wordpress.com/2017/09/29/die-deutsche-obrigkeitshoerigkeit-und-ihr-ursprung/ die letzten Absätze und Kommentare.

Ist tatsächlich das Vernunft-Potential der Gemeinschaft in der Auswahl voll ausgeschöpft, um „richtige" Entscheidungen für andere zu treffen?[83] Dass die menschlichen Individuen verschieden sind, ist eine Tatsache, was insbesondere für die Kognition und die Erkenntnisse, die zu Entscheidungen führen, zutrifft. Dabei ändert sich der Zustand der Heterogenität[84] sowohl beim Individuum als bei den Individuen zueinander. Mancher vermeint, durch Selbstorganisation könne die Leistungsfähigkeit der Gemeinschaft und die Arbeitseffizienz der Mitarbeiter gesteigert werden, aber die Erfahrung lehrt, dass eine einheitliche Richtung ohne Leitung schwierig zu finden ist und diese ohne ausreichend kompetente und zur Zusammenarbeit willige Mitarbeiter auch nicht richtig funktioniert.[85] In der **Politik** liegt ein Zustand vor, dass *die Entscheidungen, von denjenigen, die von der Entscheidung betroffen sind, weitgehend entkoppelt sind.* Dann kann eine **soziale Selbstorganisation** kaum oder nicht stattfinden.[86] In einer **Demokratie** ist es extrem wichtig, die bestmögliche Zusammensetzung von Teams zu entdecken, die die anstehenden oder kommenden Aufgaben **vernünftig** gestalten und erledigen.[87]

Was **wider die Vernunft** ist, scheint oft simpel und klar zu sein, z.B. das Führen von Krieg, das Nutzen der Kernkraft, um nur einig zu nennen. Aber Kriege finden trotzdem fortwährend statt mit den verschiedensten Begründungen, so z.B. der Notwendigkeit der Vernichtung von Terroristen, von Bösewichtern, von Ordnungsstörern, von Angreifern usw.. [88] Kernenergie kann bedrohlich und gefährlich sein, denn freigesetzte Strahlen schädigen die Gesundheit, ja können Tod verursachen, aber müssen deshalb Befürchtungen der Maßstab radikalen Ausmerzens dieser Energie sein, wenn durch technische Maßnahmen der Eintritt einer entsprechenden Strahlung unwahrscheinlich wird? [89] Gerade die Vernunft soll entscheiden helfen, wie weit die möglichen Kollateralschäden real zu vermeiden oder zu minimieren sind. Gehört das **Abwägen des Risikos** nicht zu den elementaren Instrumenten der Vernunft? Weshalb tut sich die Wissenschaft mit der unvoreingenommenen Analyse gegenüber der emotionalen Überbetonung so schwer? Sind es die verschiedenen Denkformen in der kulturellen Entwicklung? *Die von Extremisten angebotenen Rezepte und Dogmen kommen dem Bedürfnis nach einfachen Erklärungen und nach leichten Schuldzuweisungen entgegen. Der Extremismus erkauft sich Scheinsicherheiten, indem er sich auf angeblich höhere Wahrheiten beruft und dabei einen großen Teil des im Prinzip vorhandenen Wissens als ketzerisch, unmoralisch oder frevelhaft zurückweist.*[90] Es können Auseinandersetzungen von sich verfestigenden Religionen etc. sein, aber auch unzureichendes Vermögen zu Problemlösungen.

Um zu erkennen, **was vernünftig** ist, benötigt man nicht nur Zeit, sondern vor allem die Fähigkeit zur **inhaltlichen Analyse** auf Werte wie richtungsweisend, sich bewährend, grenzüberschreitend zum philosophischen, durch sich selbst rechtfertigend. Offensichtlich ist nun Weitsicht im Handeln gefragt, insbesondere in Verantwortung der Handlungsfolgen auch für andere, eine Eigenschaft bei den Individuen, die gering verbreitet ist, weshalb der Anteil der

[83] https://oya-online.de/article/read/3087-gemeinschaft_und_hierarchie.html
[84] https://userpages.uni-koblenz.de/~luetjen/sose12/abegrhe.pdf
[85] https://tinyurl.com/yye7v24e https://www.researchgate.net/publication/283546750_Wertschaffende_Komplexitat_und_Selbstorganisation
[86] https://www.graswurzel.net/gwr/2001/10/soziale-selbstorganisation-und-demokratie/ https://tinyurl.com/yyjxwt5j
[87] https://tinyurl.com/y2f6hw2v Verschiedenheit nutzen
[88] https://www.zeit.de/1964/30/ein-sieg-wider-die-vernunft/komplettansicht
[89] https://www.spektrum.de/magazin/wider-die-vernunft/1070616 S. Döring – Fr. Feger, 2011
[90] http://home.bautz.de/neuerscheinungen-2010/pdf/9783883095677.pdf S.9

Menschen, die ein Aufgaben-Problem z.B. über den weiteren Weg und die Erhaltung der Gesamtheit[91], nicht selbständig für sich aufklären können, relativ klein ist, aber eben gerade aus diesem Grunde von einer Minderheiten-Gruppe regiert werden kann und wird. Es gibt keine Automatik der **Kontrolle der Vernünftigkeit**, schon gar nicht, wenn eine Kritik unterdrückt wird.

Manches sieht man unmittelbar ein, z.B. ob Kriege bzw. Machteroberungen an Land und Bodenschätzen in der fortgeschrittenen Erkenntnis des 21. Jahrhunderts noch **vernünftig** sein können. Seit langer Zeit hat der Mensch einfach das, was sich ihm in der Natur darbot, genutzt und nicht auf die Endlichkeit des Pflanzenanbaus und an Vorräten in der Erde geachtet. Nach dem 1. Weltkrieg wurde so manchem bewusst, dass ein rücksichtsloser Kampf um das Erdöl stattfindet. Mitte des 20. Jahrhundert alarmierten zwei Wissenschaftler: *Wenn die gegenwärtige Zunahme der Weltbevölkerung, der Industrialisierung, der Umweltverschmutzung, der Nahrungsmittelproduktion und der Ausbeutung von natürlichen Rohstoffen unvermindert anhält, werden die absoluten **Wachstumsgrenzen** auf der Erde im Laufe der nächsten hundert Jahre erreicht.*[92] Aber man ist immer noch auf das quantitative Wirtschaftswachstum fixiert, weil die Menschen leben und existieren wollen und dazu brauchen sie Geld und dafür arbeiten sie. Damit erfordert ein Bevölkerungswachstum Wirtschaftswachstum, weshalb weiterhin das Machstreben einzelner Staaten präsent ist. Es wird zwar viel geredet und demonstriert, was geschehen müsse, aber zur Gefahr des **Weltunterganges** steht noch in Konkurrenz das Ziel für das einzelne Individuum, glücklich zu sein, soweit er das sich leisten kann, wenn ihn die Armut erwischt.[93] Das harte Muss des Nachdenkens und zum Vernünftigsein hat weltpolitisch jedoch nur wenig Fürsprecher, was man daran sieht, dass sich andernfalls so manche gegenwärtigen unsinnigen Handlungen verbieten würden.

Nur in Segmenten der Politikfelder ist eine spezifische **Kontrolle auf Vernunft** möglich, z.B. der Energiepolitik. Früher war eine Kernfrage die Machbarkeit, d.h. die einer vernünftigen Planung und man betrachtete danach die einzelnen Parameter, der Funktionalität und Effizienz der Energiearten.[94] Da konnte die Ideologie nicht triumphieren. Aber nun trat an die Stelle herkömmlicher Politik das **scheinbar Vernünftige**, wenn es denn die Mehrheit der Meinungen im Volk situativ repräsentierte.[95] Die wechselseitige Stützung der Politik mit der herrschenden oder gelenkten Meinung eröffnet Möglichkeiten der Machtergreifung, der Machbarkeiten, unabhängig von Vernunft, Vernünftigkeit. *Die Freiheit der Meinungsäußerung wird legitimiert über die Freiheit der Vernunft.*[96] **Garanten praktischer Vernunft** stellen die Selbstzucht der Menschen, die ethische Inpflichtnahme, also der Erhaltung von Werten dar. Ohne Werte fehlen der Politik Inhalt und Richtung.[97] Weil der Anteil der Menschen mit Werteverlusten jedoch nicht konstant zu sein braucht, besteht Hoffnung auf Ein-

---

91 https://www.zeit.de/1964/39/die-diktatur-der-vernunft Peter R. Hofstätter, 25. Todestag von S. Freud.
    https://www.finanzen100.de/finanznachrichten/wirtschaft/diese-statistik-erklaert-warum-so-viele-
    deutsche-dumme-kommentare-schreiben_H587268946_370099/ http://tinyurl.com/y3mf86yq
92 https://www.deutschlandfunk.de/appelle-des-20-jahrhunderts-3-die-grenzen-des-wachstums-
    1972.724.de.html?dram:article_id=418360
93 https://www.faz.net/aktuell/wirtschaft/wirtschaftswissen/grenzen-des-wachstums-die-logik-des-immer-
    mehr-11671105-p2.html
94 https://www.vernunftkraft.de/erfolgskontrolle-der-energiewende-politik/
95 https://www.zeit.de/kultur/2018-07/angela-merkel-regierungszeit-regierungsstil-politisches-system/seite-
    3
96 https://tinyurl.com/y5369s2s S. 78 J.Keienburg, Imm. Kant und die Öffentlichkeit der Vernu9nft.2011
97 https://tinyurl.com/y25hbcoa https://www.romanherzoginstitut.de/fileadmin/ Werte 2018

sichtigkeit und Befreiung von geistiger Fremdherrschaft, soweit wir das mit gegenwärtigem Wissen überblicken können, was nicht allein mit dem Grad der Bildung erklärt werden kann.

Nun muss noch ein Gesichtspunkt beachtet werden: die **Entwicklung der Vernunft** in Abhängigkeit vom Alter. Die Kinder lernen Wissen und in gewisser Weise Denken. *Erst wenn die **moralisch ausentwickelten Gefühle im Gewissen** den Verstand führen und leiten und der gesunde Verstand im Gegenzug die Gefühle und Affekte im Zaum hält, haben wir es mit Vernunft zu tun. Das Ziel ist ein durch Regeln und Gesetze freiwillig strukturiertes und geordnetes Gemeinschaftsleben der Menschen.*[98] Wenn jemand also Einfluss auf die Jugend nimmt, dann versucht er den Menschen für sich so zu gewinnen, wie es für seine Zwecke günstig ist. Das lehrt die Geschichte. „Wer die Jugend hat, hat die Zukunft.“[99] So manche Diktatur handelte danach. Heute kann man – so auch Erwachsenengruppen oder Parteien – Jugendbewegungen gerade wegen des nicht ausgereiften Wissens und Beurteilungsvermögens nutzen, indem man sie über soziale Netzwerke z.B. zu Demonstrationen steuert.[100]

Die Kommunikation als Basis für freiheitlichen Gedankenaustausch.

An dem Prozess der Veränderung der Struktur der Schaffung der menschlichen Gemeinschaft ist wesentlich die Ausübung der **Kommunikation** (z.B. über die Sprache) beteiligt. Im Gehirn jedes Individuums entsteht mit dem vorhandenen Erkenntnisapparat eine Vorstellung der Umgebung und der darauf einwirkenden Funktionen, woraus dann die Realität seiner Mitteilung an den Kommunikationspartner entsteht, der diese wiederum als Eindruck auf der Basis seiner Gehirnaktivitäten verarbeitet.[101] Ohne Zweifel muss dazu der **Wille zur aktiven Annahme** und eigenen Verarbeitung der Mitteilung vorhanden und der Einfluss von anderer Seite minimiert sein, denn dann wäre ein zu beachtender Fremdeinfluss vorhanden. Die öffentliche **Petition** ist dabei eine Möglichkeit für ein Individuum, innerhalb der staatlichen Regelungen um Abänderung eines Missstandes zu erbitten bzw. andere Teile der Bevölkerung anzuregen, die relevante Petition mit zu unterzeichnen, damit sie ein Gewicht erhält, die Angelegenheit sogar mit den Bundestags-Abgeordneten unmittelbar zu diskutieren.[102] Der Petitionsausschuss prüft das Anliegen und empfiehlt die weitere Bearbeitung. 2018 erreichte die Anzahl der Eingaben 13 188, mit den Mitzeichnern erreicht sie etwa eine halbe Million. *2018 überwies der Deutsche Bundestag der Bundesregierung keine Petitionen zur Berücksichtigung und eine zur Erwägung.*[103] Ein Mitglied des Ausschusses meinte am 15.05.2019 zum Jahresbericht, die Bundesregierung solle die *Empfehlungen des Gremiums endlich ernst zu nehmen.*[104]

[98] https://www.rund-ums-baby.de/entwicklung/Vernunft-entwickeln_23900.htm
[99] https://www.gutzitiert.de/zitat_autor_napoleon_i_bonaparte_thema_zukunft_zitat_35
[100] https://tinyurl.com/y5h8l4ms Ilya Noskow 26.05.2019
[101] https://doi.org/10.1007/978-3-642-56848-0_3 Thomas Herrmann Springer-Verlag. Berlin. 2001
[102] https://epetitionen.bundestag.de/epet/service.$$$.rubrik.oeffentlichePetition.html
        https://epetitionen.bundestag.de/epet/petuebersicht/mz.nc.html
[103] http://dip21.bundestag.de/dip21/btd/19/099/1909900.pdf Abschnitt 1.5
[104] https://afdkompakt.de/2019/05/21/der-petitionsausschuss-des-bundestages-ist-ein-zahnloser-papiertiger/

Eine fruchtbare **Kommunikation** ist nur auf **Vertrauen**sbasis möglich, wobei zunächst das Vertrauen zur Person, dass sie die **Wahrheit** sagt, hinreichend groß sein muss. Es ist schon so etwas wie ein in uns menschlich inhärentes Urvertrauen notwendig, um eine **Gemeinschaft** zu bilden.[105] Es bleibt meist ein Risiko, einen Lügner vor sich zu haben, was einen Schaden verursachen könnte. Um es abschätzen zu können, muss man die entsprechenden Bedingungen studieren, vor allem dann, wenn Verdachtsanlass für Misstrauen besteht. Im Freundeskreis könne man seine Meinung frei äußern, meint ein Großteil der in einer Umfrage Befragten, ohne nähere Erläuterung, was ein Freund ist.[106] In einer Diktatur verschiebt sich der Anteil zu Ungunsten des Vertrauens. In der digitalen Kommunikation scheint ein angemessenes **Risiko-Wissen** angebracht, weil man den anderen nicht persönlich kennt, weil hier lanziert „Falschmeldungen" eingesetzt werden und diese nicht ohne weiteres herausfindbar sind.[107] Ein verloren gegangenes Vertrauen zurückzugewinnen, ist in der Praxis dann besonders schwierig, wenn das Misstrauen tief sitzt. Hier mit der Methode der **Propaganda** Erfolg zu haben, gelingt bei denen, die lediglich argwöhnisch sind, aber nicht begründet Misstrauen hegen.

Eine Reihe von Dienstleistungsunternehmen beschäftigen sich mit der **Kommunikationspolitik**, sie wird in der Gestaltung und Effektivität je nach Zielgruppe unterschiedlich eingesetzt, zur Einhaltung moralischen Grundsätze ist sie nicht verpflichtet, ihr Maßstab ihr Erfolg. Die Art der jeweils betriebenen Kommunikation kann als ein Indikator des herrschenden **Kulturniveaus** der Menschengruppe gewertet werden, weil es sowohl den geistigen Zustand als auch den der Umgangsform der Menschen miteinander charakterisiert.[108] Hier drückt sich die Reife des Denkens von Menschen und die Kombination von immateriellen Werten aus, von Qualitäten und Tugenden. Für die Gesellschaft ist es z.B. die öffentliche Meinung, die Meinungsführerschaft oder Dominanz einzelner in der Gesamtheit. Was gelten Objektivität und Unparteilichkeit in der Gesellschaft, sind sie auszumerzende Außenseiter oder willkommene Denkanreizer?, Wenn die Achtung vor der Vielfalt der Andersdenken weggeschoben wird. kann das als ein Zeichen von **Kulturverfall** betrachtet werden

Unbestritten wird die parlamentarische Arbeit von einigen Politikern in die Talkshows des Fernsehens verlagert, weil sie dort mehr Aufmerksamkeit erhalten. Hier werden die Themen aus anderen Motiven gesetzt als dem geistigen Fortschritt zu dienen, Es sind Aufmacher, die die *Gehirne in eine bestimmte Richtung* lenken, plötzlich sind die Show-Maher nicht nur Journalisten, die der Wahrheit und der Neutralität verpflichtet sind. Die Verantwortung verlangt, dass die **Gedankenfreiheit** erhalten bleibt.[109] Als Beispiel für die Entartung der Diskussionskultur diene eine Talkshow-Sendung, in der eine Gedankenkonstruktion einer Straftäter-Anstiftung zu einer anderen Partei hergestellt wird, ohne dass die Moderatorin einschreitet oder sich sachlich informiert. Das ist Befangenheit in reinster Form und damit kulturgemäß für

[105] https://link.springer.com/chapter/10.1007/978-3-8349-9049-5_6
[106] https://www.welt.de/politik/article193977845/Deutsche-sehen-Meinungsfreiheit-in-der-Oeffentlichkeit-eingeschraenkt.html https://www.zeit.de/kultur/2019-05/meinungsfreiheit-allensbach-institut-umfrage-deutschland https://de.sputniknews.com/gesellschaft/20190624325302574-meinungsfreiheit-problem-deutschland-allensbach/
[107] https://www.divsi.de/wp-content/uploads/2017/12/DIVSI-Vertrauen2018.pdf S.29
[108] http://de.nextews.com/38ed0f04/
[109] https://www.deutschlandfunkkultur.de/framing-in-den-tv-talkshows-schon-der-titel-wird-zur-deutung.1264.de.html?dram:article_id=420546

sich sprechend.[110] Solche Vorfälle sind ein Indiz für beginnenden moralisch-**kulturellen Verfall**, aber sie sind nicht einzig ausschlaggebend für die Ganzheit.

Daher sollte die **Kultur der Kommunikation** weder im Detail noch im Gesamten ein Werte-Indikator unseres menschlichen Daseins sein.[111] Im Machtstreben einer Gruppe von Individuen über andere dürfte sie jedoch im Rang gegenüber der **Propaganda** nur nachrangig sein.[112] Man hofft auf **Vertrauen**, was jedoch erworben werden muss. *Einen sicheren Freund erkennt man in unsicherer Sache.*[113] Derzeit erleben wir viele *„Artikulationen von Unvernunft"*, dagegen ist die *beste Methode, das Vertrauen in die aufgeklärte Gesellschaft wiederherzustellen, eine möglichst breite demokratische Beteiligung.*[114] Aber wie?

Es wird oft unterstellt, dass die große Mehrheit der Bevölkerung ordentlich und verständig handelt[115], aber in einer Gruppe sind die verschiedensten Grade an Intelligenz (in Menge und Qualität) vereint[116] und es gibt dort meistens auch Besserwisser. In der wahlberechtigten Bevölkerung gibt es also auch weniger verantwortungsvolle und hinreichend mit Wissen ausgestattete Individuen[117], jedoch sind alle hier gleichberechtigt. Das trifft auch auf Vertreter der Bevölkerung bzw. des Volkes zu. Deshalb gibt es verschiedene Ansichten über die Bewältigung von Problemen, z.B. hinsichtlich der Anwendung von **Gerechtigkeit in der Politik**. Deshalb ist **Kritik** angebracht, wenn man bei einer **Demokratie** immer von bestmöglicher Form der staatlichen Struktur spricht. Ein Beispiel hierfür sind die **Armuts-Debatten** unter den Parlamentariern. Die einen stützen sich auf althergebrachte Parolen und Rezepte, andere meinen, die soziale Einstellung der Bevölkerung müsse sich ändern, das Vermögen müsse gerechter verteilt werden. Jüngere erwarten die allgegenwärtige Fürsorge des Staates usw. Was ist nun richtig, was vernünftig? Der um seinen Arbeitsplatz besorgte Arbeiter kann nicht mehr der kühl denkende, der gewünschte Demokrat sein, denn er muss sich um sein Fortkommen, um die Existenz seine Familie bemühen.[118] Die Präsentation unverständlicher Statistiken wird beseitigt das Gefühl sozialer Ungerechtigkeit nicht.[119]

Infolge der Digitalisierung und Verbreitung von Ansichten (Meinungen) im Internet wird der Bevölkerung ermöglicht, persönliche Stellungnahmen abzugeben und zwar ohne den Zwang zur Qualität und Richtigkeit. Eine Kommunikation entspringt hier selten. Aber das Lesen der Kommentare oder Zuschriften gestattet jedem Fremden, sich ein Bild über den Zustand der

[110] https://www.afd.de/joerg-meuthen-hass-hetz-und-luegenpropaganda-bei-anne-will/
[111] https://documents.tips/documents/wertsteigerung-im-ma-prozess-erfolgsfaktoren-instrumente-kennzahlen.html 2016
[112] https://ef-magazin.de/2011/05/02/2978-michael-manns-die-geschichte-der-macht-es-gibt-keine-gesellschaft-es-gibt-nur-geflechte https://kulturshaker.de/weltgeschichte-als-geschichte-der-macht/
[113] https://de.wikipedia.org/wiki/Marcus_Tullius_Cicero
[114] https://www.deutschlandfunkkultur.de/demokratie-in-der-sinnkrise-ist-das-zeitalter-der-vernunft.2162.de.html?dram:article_id=439972
[115] https://kanzleiundrecht.wordpress.com/2014/06/19/das-handeln-der-mehrheit-ist-stets-ordentlich-und-vernunftig/
[116] https://d-nb.info/985295791/34 2006 Abschnitt 3.3 [Dissertation]
[117] https://inyurl.com/y4be7tgx Jason Brennan. Ullstein. 2017 ISBN 9783843715539
[118] https://www.sueddeutsche.de/politik/sozialpolitik-armut-ist-eine-gefahr-fuer-die-demokratie-1.4120420
[119] https://www.bpb.de/politik/innenpolitik/rentenpolitik/222234/einkommensstruktur
       https://de.statista.com/statistik/daten/studie/5742/umfrage/nettoeinkommen-und-verfuegbares-nettoeinkommen/ https://www.bertelsmann-stiftung.de/fileadmin/files/BSt/Publikationen/GrauePublikationen/Entwicklung_der_Altersarmut_bis_2036.pdf https://tinyurl.com/yyv2d86k 6.05.2019

geistigen Verarbeitung bestimmter Themen in der Bevölkerung zu machen, z.B. über die **Klimakatastrophe** und damit die Bedrohung der Menschheit sowie der relevanten **Propaganda,** insbesondere der **Instrumentalisierung einer Person** für diese Zwecke und des Erfolges damit, insbesondere von Jugendlichen, die das Gefühl des Ausgeschlossenseins und eine Angst vor der Horror-Zukunft befällt und die über dir Wahrheit nicht nachdenken.[120] Die Einvernahme der Erderwärmungs**hypothese** in die politische **Methode,** mit der einseitigen Kommunikation (Propaganda) auf die Bevölkerung dahingehend zu wirken, dass sie als Begründung für eine CO2-Steuer gelten kann, fordert das **Kritikvermögen** Jugendlicher und Leichtgläubiger offenbar nicht heraus; für die meisten ist die Ursache menschengemacht; das Kohlendioxid ist ein Treibhausgas, zumal man glaubt, auch die Wissenschaft sei hier auf ihrer Seite.[121] Zum Nachdenken fehlt einfach das Wissen und die **Kritikfähigkeit.**

*Wenn ein (damals) fünfzehnjähriges, mild autistisches, von einer fixen Idee beseeltes Mädchen jeden Freitag die Schule schwänzt und mit einem Plakat vor dem Parlament steht, passiert normalerweise gar nichts (außer, dass verantwortungsvolle Eltern und Lehrer versuchen, ihr das auszureden). Jemand hat in diesem Verhalten eine Chance gesehen, **die eigenen politischen Ziele** zu befördern, im Falle von Ingmar Rentzhog, auch wirtschaftliche Ziele. Ob das Asperger-Syndrom bei Greta eine Krankheit ist, ist umstritten.[122] Dass diese Leute im umgangssprachlichen Sinne krank handeln, sollte eigentlich nicht strittig sein. Greta Thunberg hat schon eine depressive Phase durchlebt, in der sie aufhörte zu sprechen und zeitweilig sogar zu essen. Ich würde sogar so weit gehen, denen, die mit Greta Thunberg Politik machen, die Instrumentalisierung ihres Asperger-Syndroms vorzuwerfen. Die Beißhemmung, die kritische Geister angesichts dieses Handicaps befällt, ist wohl eingerechnet worden, als einige Leute fanden, dass Greta Thunberg ein ausgesprochen gutes Zugpferd vor ihrem Karren abgeben könnte. Thunberg ist offenbar leichter manipulierbar, denn sie erkennt Manipulationsversuche schlecht.[123]*

Man muss viel gelernt haben, was man nicht weiß, fragen zu können.

Jean Jacques Rousseau (1712-1778)

Ohne Vorbehalten kann man nur mit jemanden sprechen, wenn dieser zu der Sache nichts versteht.   Ernst R. Hanuschka (11926-21012)

Jede Kommunikation ist eine intellektuelle Herausforderung.

Manuela Michael (* 1966), Personaltrainerin

---

120   https://www.superillu.de/greta-thunberg-spielt-mit-der-angst
121   https://www.welt.de/debatte/kommentare/article13466483/Die-CO2-Theorie-ist-nur-geniale-Propaganda.html von einem Wirtschaftsjournalisten https://de.wikipedia.org/wiki/G%C3%BCnter_Ederer
122   https://www.achgut.com/artikel/die_thunberg_ernmans_eine_unendlich_traurige_familiengeschichte
123   https://www.freitag.de/autoren/gunnar-jeschke/das-phaenomen-greta-thunberg

Kompetenz und Verantwortung in der Demokratie.

Zur Mitwirkung in einer Demokratie, die auf Wahlen aufbaut, bedarf es Wähler, die die zur Wahl aufgestellten Kandidaten hinsichtlich ihrer Persönlichkeit ihrer Aktivität und ihres Einflusses auf die wirtschaftlichen und gesellschaftlichen Entwicklungen frei und vorurteilsfrei beurteilen können.[124] Dadurch wird aber keine echte Teilhabe hergestellt, vielmehr nährt das eine Interpretation als Ermächtigungsakt, dass die Abgeordneten später – im Rahmen der Verfassung – nutzen, meist in Fraktionen gebündelt. Der wählende Bürger kann nur noch in den Grenzen seiner Möglichkeiten einwirken. Selbst die Expertenanhörungen im parlamentarischen Prozess sollen den Abgeordneten nur die Sachthematik besser verständlich machen. Ein **Berufsbild eines Abgeordneten**, eines Politikers im Land- oder Bundestag **gibt es nicht**, wie beispielsweise die Kunst sich schnell zu informieren oder die der argumentativen Diskussion. Ein Politikwissenschaftler sagt: *Die Schlüsselqualifikationen kann man kaum erlernen: "Freude am Streit und am öffentlichen Auftritt, Geschick beim Netzwerken, das Talent, auf fremde Menschen unbefangen zuzugehen, sowie die Bereitschaft, nur politisch Korrektes zu sagen und tabubewehrte Themen auszusparen",*[125] *rhetorische Fähigkeiten, komplexe Sachverhalte einfach ausdrücken zu können",*[126] Muss nur der aufgeweckte Bürger seine Informationsdefizite ausgleichen, soweit er überhaupt die Kraft und Mittel dazu hat?

Es ist bekannt, dass bereits nach der Schulausbildung deutliche Unterschiede in Lese- und Schreibkompetenz festgestellt werden können, auffallend ist, dass die ‚Risikogruppen mit schwacher Leistung relativ hoch ist und sich meist in den Abgängern der Hauptschule erweist. Nimmt man die mathematischen Vorstellungen hinzu und betrachtet die Spitzengruppe, so zeigt sich eine ausgesprochen minimale Größe. Je weiter der Schulabschluss es entfernt liegt, desto krasser wird es, ältere Jahrgänge sind häufiger von schwacher Leitung betroffen.[127] Über die **Kritikfähigkeit**, komplexe Sachverhalte zu prüfen und sich ein eigenes Urteil zu bilden[128], liegen keine Ergebnisse vor, jedoch ist die Aussage naheliegend, dass Kritik nicht immer auf Gegenliebe stößt, dass also Gespräche unter den Menschen untereinander als auch von Bürgern mit Abgeordneten durchaus fruchtlos enden. Schon das Zuhören ist schwierig. Eine Einengung auf Parteiinteressen stört die freie Diskussion. Nagt etwa der funktionale Analphabetismus an den Pfeilern der Demokratie.[129] Schaut man den anderen Ländern Europas, so grassiert in einigen Ländern sogar der Analphabetismus, es ist zu befürchten, dass bei strengen Maßstäben die inkompetente Masse die Mehrheit bildet.[130]

In der Arbeitswelt ist **Fachkompetenz** gefragt, die man z.B. in der Handwerkerausbildung erwirbt und durch Erfahrung verbessert.[131] Das über den Zaun schauen in andere Wissensgebiete rangiert dahinter, was nach dem Zweiten Weltkrieg als Ursache des Emporkommens von Diktatur angesehen wurde. Im postfaktischen Zeitalter wird das einzelne Individuum überschüttet mit Informationen, die auch das über das Alltagswissen hinaus Brauchbare

---

124   http://www.bpb.de/apuz/255960/garantieren-wahlen-demokratische-legitimitaet?p=all
125   https://www.spiegel.de/karriere/politik-als-beruf-karriere-in-der-partei-a-920910.html
126   https://www.spiegel.de/lebenundlernen/job/von-beruf-politiker-ran-an-die-macht-a-265229.html
127   https://tinyurl.com/y6zfafho
128   https://docplayer.org/19882281-Kritikkompetenz-im-mitarbeitergespraech.html
129   https://www.finanzen100.de/finanznachrichten/wirtschaft/diese-statistik-erklaert-warum-so-viele-deutsche-dumme-kommentare-schreiben_H587268946_370099/ Christoph Sackmann 2017
130   https://www.dw.com/de/das-europa-der-analphabeten/a-443456
131   https://de.wikipedia.org/wiki/Fachkompetenz

anbiete, aber das weiß man nicht, es könnten z.B. Halbwahrheiten sein. Die Standards wie Objektivität und Wahrheit haben ihren Nimbus verloren, der Bürger muss vertrauen ohne Nachprüfmöglichkeit. Das Googeln ersetzt kein sauberes Wissen, es täuscht es nur vor, so leistet man sich in der Demokratie eine erkenntnistheoretische Verantwortungslosigkei und entleibt somit ihre Grundlage.[132] Wenn in den öffentlichen Massenmedien Ideologien von Experten verkündet werden, übernimmt diese der Unkritische, er fragt nicht, ob hier vielleicht gelogen wird und so können solche Ideologien fast unauffällig überall festsetzen Das gilt auch für denjenigen, der wissenschaftlich Erkenntnisse ohnehin abweisend gegenüber steht.[133] Und zur politischen Religion, der moralischen Rechtfertigung des Kampfes gegen Terroristen maßt er sich gegenüber denjenigen, die im Besitz der Macht sind, keine definitive Meinung an.

Verantwortung übernehmen heißt für den Durchschnittsmenschen, dass derjenige, der eine Handlung veranlasst, für die Folgen aufzukommen hat, vornehmlich dann, wenn bei anderen und bei den Betroffenen damit eine rechtliche und moralische Erwartung hervorgerufen wurde. Bei **politischen Entscheidungen** ist es nicht immer leicht, den Akteur festzustellen oder ihn überhaupt zu erkennen, so dass eine **Verantwortungskette** betrachtet werden muss. Bei Abstimmungen kann die Fraktionsdisziplin das Gewissen des einzelnen Abgeordneten sogar verformen. Da jede Entscheidung am Ergebnis gemessen wird, ist für den Fall, dass der beabsichtigte Erfolg nicht eintritt, der Akteur zur Verantwortung heran zu ziehen.[134] Sind jedoch jemals Parteien für Fehlentscheidungen, z.B. von Staatsdefiziten zur Kasse gebeten worden? Schließlich bleiben immer die Bürger „in der Verantwortung".[135]

Das Beispiel dafür: der Kosovo-Krieg. Im Oktober 1998 stimmten alle Parteien des Bundestags – bis auf die PDS - dem Beschluss zu, dass die NATO freie Hand in den geeigneten Situationen erhält, womit gleichzeitig die Bundeswehr militärisch eingesetzt werden konnte. Ein Massaker serbischer Einheiten gab die Gelegenheit, im Januar 1999 Serbien in Belgrad die Schuld daran zuzuweisen und in einen Vertragsvorschlag mit Entmachtung einzuwilligen, was es nicht tat. Es folgte ab 24.03.1999 ein erbarmungsloses Bombardement ohne ein UN-Mandat, es wurde als humanitäre Intervention ausgegeben. Dabei lehnte die Bevölkerung in Deutschland einen solchen Bundeswehreinsatz mehrheitlich ab. Der Bundeskanzler (SPD) argumentierte, wir sind aufgerufen, *eine friedliche Lösung im Kosovo auch mit militärischen Mitteln durchzusetzen.* Der Außenminister (Grüne) meinte: *jetzt werden die Grünen gehärtet oder zu Asche verbrannt.* Er übernehme die Verantwortung.[136] Andere in seiner Partei sehen das anders.[137] Dass man nur das Beste wolle, ist keine Rechtfertigung vor kriegerischen Grausamkeiten.[138] Am 17.2.2008 entsteht dann die souveräne **Republik Kosovo**, sofort von der BRD anerkannt. Es ist auch heute nicht erfindlich, wer für die negativen Folgen der Kriege

---

132 https://www.nzz.ch/meinung/kommentare/googeln-statt-wissen-das-postfaktische-zeitalter-ld.111900
133 http://www.spiegel.de/wissenschaft/natur/evolutionstheorie-90-prozent-der-us-amerikaner-glauben-an-schoepfer-a-953951.html
134 https://derstandard.at/2000021752041/Was-ist-politische-Verantwortung
135 https://selbstbestimmungspartei.de/index.php/parteiinformationen/zielsetzungen-und-funktionsweise/vorueberlegungen/wer-ist-in-der-realen-verantwortung-fuer-den-staat
136 https://www.nachdenkseiten.de/?p=50435 Winfried Wolf, 26.03.2019
https://www.zeit.de/2009/13/10-Jahre-Kosovo/seite-2 https://www.freitag.de/autoren/elisanowak/20-jahre-kriegsschuld
137 https://www.tagesspiegel.de/politik/gruene-wegen-kosovo-krieg-im-zwiespalt/74466.html
138 https://www.heise.de/tp/features/1999-Der-Holocaust-als-Rechtfertigung-fuer-einen-Angriffskrieg-4347074.html

und die unermesslichen Schäden moralisch haftet.[139] Ist Verantwortung denn nur ein leeres Wort? *Demokratie lebt davon, dass **Verantwortung** zurechenbar bleibt. Fehlt es daran nicht nur am Rande, sondern im Kern der Politik, ist dies der Anfang vom Ende. Demokratie hat ohne Verantwortung keine Zukunft.*[140]

Das Bedenkliche aus der Lehre, wie die NATO unter Völkerrechtsbruch seine Ziele im **Kosovo** militärisch zu erzwingen suchte, ist, dass dem Bürger als Zuschauer politische und moralische Argumente dargeboten werden, die den bewaffneten Angriff auf ein Mitglied der **Vereinten Nationen** eben nicht hinreichend begründen können, aber zugleich die Machtlosigkeit der UN demonstrieren, so dass die Untergebenen (in einem Staat) nur auf die wirksame Begrenzung der nach Macht Strebenden durch diese Institution hoffen, aber nicht vertrauen können.[141] Eine Situation wie hier weckt beim Bürger das Gefühl, dass das repräsentative parlamentarische System nicht davor schützt, dass sie – die Wähler - von der hohen Politik einfach übergangen werden. Deshalb neigt er dazu, eine sogenannte **direkte Demokratie** für besser zu halten, denn z.B. Volksinitiative oder Volksbegehren können den in der unteren Ebene befindlichen Menschen den Eindruck eines gewissen Einflusses vermitteln.[142]

Um in einer Demokratie aktiv mitwirken zu können, muss der Bürger genügend informiert sein, sowohl bei der Vorbereitung der Willensbildung des Staates als auch zur **Kontrolle** staatlichen Handelns. Trotz des Informationsfreiheitsgesetzes ist so manches jedoch nicht transparent, wie z.B. die Ausarbeitung von Gesetzesvorlagen durch externe Stellen.[143] Kaum jemand überblickt die im Parteienstaat agierenden Kräfte, die zumindest das Partei-Interesse forcieren. Das oft ehrenamtliche Engagement eines Bürgers kann daher nur punktuell ansetzen, deshalb auch nur **bedingt Verantwortung** mittragen. Da die Mechanismen im Staat einmal geschaffen sind, lassen sie sich wohl kaum verändern.[144] Anscheinend bleibt dem Individuum nur noch übrig, seine Ansichten in den sozialen Medien kundzutun, aber dieser Weg eröffnet keine Durchschlagskraft zu einer Mitbestimmung. Im Übrigen behandeln die Datenmonopole die Daten der Menschen als ihr „Eigentum", zuweilen werden sie sogar aufgefordert, Kontrollen und Sperrungen vorzunehmen.

Nach dem Zweiten Weltkrieg ist viel von der **Verantwortung der Bürger** beim Zustandekommen des Dritten Reiches und danach die Rede von einer **Kollektivschuld**[145], was begründet wird mit der massenhaften Zustimmung oder dem Dulden der **Nazidiktatur**. Der politische Widerstand gegen das System (oder Teilen des Systems)[146] verschwindet bei dieser Betrachtung, denn es waren nur **Minderheiten** ohne Einfluss.[147] Wer nun folgerichtig in der Demokratie begründet Bedenken zur Politik hat, aber in der Minderheit ist, bleibt bei den politischen Entscheidungen außen vor, wird aber **mitschuldig** in der **Verantwortung** bei Falschentscheidungen. Das ist eben das Kreuz, wenn im Bundestag Debatten an den Sachinhalten vorbeigeführt werden, offenbar ersetzt durch ideologische Verhärtungen, aber bei der

[139] https://www.compact-online.de/joschka-fischer-der-mann-der-serbien-kaputtbombte/ Jürgen Elsässer
[140] https://dopus.uni-speyer.de/frontdoor/deliver/index/docId/732/file/ScheinderDemokratie.pdf
[141] https://www.berghof-foundation.org/de/news-news-artikel/20-jahre-kosovo-krieg-was-war-und-was-eben bleibt/
[142] https://www.linksfraktion.de/themen/a-z/detailansicht/direkte-demokratie/
[143] https://www.stiftungen.org/de/unsere-demokratie/blog-beitraege/die-antwortpflicht-der-macht.html
[144] https://vera-lengsfeld.de/2018/06/12/der-zuegellose-parteienstaat-immer-mehr-geld-fuer-immer-weniger-demokratie/
[145] https://tinyurl.com/yy5oxod6 Gerhard Keller, Die Schuld der Deutschen. 2015
[146] https:///www.zukunft-brauchrt-erinnerung.de/der-diskurs-um-widerstand-im-dritten-reich/
[147] https://www.ssoar.info/ssoar/handle/document/3265

Mehrheit der Abgeordneten. Als Beispiel möge dienen die Klimaschutz-Debatte[148], wo der Weltklimarat (als UNO-Organ) als dafür kompetentes Gremium zitiert wird, was tatsächlich nicht der Fall ist. Das Mandat umfasst jetzt alle „Aspekte of climate change"[149], nicht nur den menschengemachten Anteil. Ein unabhängiges Kontroll-Gremium gibt es nicht, vielmehr sind bei der Fassung der „decision makers" die politischen Mitglieder von nicht unbedeutendem Einfluss.[150] Die Folgerungen werden jeweils politisch interpretiert.

Protestbewegungen halten den **Widerstand** überall da geboten, wo das Recht gebeugt wird oder in Zukunft in Frage gestellt werden kann, wobei das jedoch nicht im Belieben des Individuums steht, das festzustellen und gar die Mittel des Widerstands auszuwählen. Die Maßstäbe der Gerechtigkeit und Vernunft müssen allgemein angewendet werden, im Grundsatz der Verhältnismäßigkeit zum berechtigten Zweck.[151] Daraus resultiert möglicherweise eine politische **Verdrossenheit,** wenn z.B. die etablierten Parteien den Protestgründen nicht nachgehen. Es ist aber unbestreitbar, dass die Anwendung des Mehrheitsprinzips ebenso Voraussetzungen hat, nämlich Beständigkeit und dass unter Umständen ein Recht auf Widerstand existiert, weil z.B. ein Einzelfall von **Meinungsdiktatur** bereits eine Richtungsänderung des politischen Willens ankündigt [152], insbesondere, wenn sie von einer Person ausgeht, die zur Führung eines Staates berufen ist. Im Volk wird man sich der eigenen Machtlosigkeit bewusst und man sieht die langsame Unterhöhlung der „demokratischen" Verfahren.[153]

Meinungsäußerungen müssen nicht auf tragfähigen Argumenten beruhen, weshalb eine mehrheitsfähige Meinung auch im Gegensatz zu solchen im **Volk**[154], in einer Gruppe oder eines einzelnen Individuums stehen kann. Die Freiheit der Meinung darf nicht nur ein Bürgerengagement bedeuten, *das Meinungen reproduziert, die als unbedenklich durch die öffentliche Zensur gegangen sind, eines, in dem regelmäßig wiederholt wird, woran sich diejenigen, die die Demokratie von innen heraus zerstören, berauschen:* **ihre** *einzig richtige Meinung. Aber was tun, wenn eine zunehmende Anzahl der Ansicht ist, Aussagen wie die von Tannert seien Hass auf andere mit anderer Meinung?*[155] Das ständige Weiterdenken und Vermuten ist eine wichtige Fähigkeit menschlicher Intelligenz und somit auch das Infragestellen mancher Behauptungen, mit denen gerade die Medien operieren. Deshalb ist das **Volk meinungs-heterogen** und man weiß nicht, ob und inwieweit wer hinter so manchem Protest steht.[156] Man muss daher hinter den Schein schauen auf das, was „wahr" ist, man muss unterscheiden, was nur Interpretationen, womöglich ohne gründliche Sachinhalts-Kenntnis, sind.

148 https://tinyurl.com/y64n8k84   https://www.eike-klima-energie.eu/tag/weltklimarat/
149 https://www.eike-klima-energie.eu/2018/12/04/heimlich-still-und-leise-das-ipcc-aendert-sein-mandat/
150 https://www.eike-klima-energie.eu/2014/05/26/wer-oder-was-ist-eigentlich-der-welt-klimarat-ipcc-und-was-tut-er
151 https://www.econstor.eu/bitstream/10419/112619/1/208608.pdf https://tinyurl.com/y3clfx8m
152 https://tinyurl.com/yyemaeko   Aufruhr gegen totalitäre Tendenzen
153 http://hochschulinitiative-ds.de/wp-content/uploads/2016/02/pds_2011-2.pdf#page=9
154 Pegida = Gruppe gut informierter Bürger fordert direkten Dialog
   http://www.weiterdenken.de/sites/default/files/uploads/2016/07/eitel_volkssouveranitat_und_demokratie_bei_pegida.pdf
155 https://sciencefiles.org/2018/01/08/zeit-der-richtigstellung-demokratie-ist-keine-meinungsdiktatur/
156 http://www.muenchner-semiotik.de/ausgabe/2017/ort_thor_babin_phaenomen-des-postfaktischen.pdf

Die Demokratie.

In dem Ideal von **Demokratie** redet man frei miteinander und wägt und prüft des anderen Ansicht. Die Achtung voreinander gehört dazu. Diese Atmosphäre wird gestört von einzelnen Individuen, die es angeblich besser oder richtiger wissen. Wie kann das aber möglich sein, wenn die Parteimitglieder einfach weniger intelligent sind, wie die Webpräsenz „Mein-Wahres-Ich" herausgefunden haben will, z.B. bestehe ein deutlicher, empirisch verifizierter Zusammenhang zwischen niedriger Intelligenz und der Präferenz der **AfD** bei den Bundestagswahlen.[157] Es wird der AfD **unterstellt**, sie *säe Hass und spalte die Gesellschaft. Sie greife die Demokratie tagtäglich an.*[158] *Ganz deutlich ist zu sehen, wie Entgrenzung auch von Sprache, wie Hass und Hetze, wie sie auch von der AfD und von Verantwortlichen der AfD betrieben wird, Hemmschwellen so absenkt, dass sie augenscheinlich in pure Gewalt um-schlagen.*[159] *Auf dem Boden der AfD entstehe* **Rechtspopulismus** *und der ist für jeden Staat eine große Gefahr. Die AfD hat mit der Entgrenzung der Sprache den Weg bereitet für die Entgrenzung der Gewalt.*[160] *Die CDU formuliert ihre Haltung*[161] *heute so: Führende Repräsentanten der AfD und nicht wenige ihrer Mitglieder beteiligen sich bewusst daran. Sie tragen damit* **Verantwortung** *für die gezielte Vergiftung des gesellschaftlichen Klimas und die Verrohung des politischen Diskurses in unserem Land.*[162]

AfD-Bundessprecher Dr. Alexander Gauland hat sich gegen die „beschämende Instrumentalisierung des Mordes an Walter Lübcke" gewandt: „Den Altparteien, aber auch den Medien scheint mittlerweile fast jedes Mittel recht, wenn es auch nur im Entferntesten dazu geeignet ist, die AfD mit Rechtsextremismus in Verbindung zu bringen. Es wird versucht, uns auf Biegen und Brechen aus dem demokratischen Diskurs auszuschließen.[163]

Werden Parteien von vornherein vom Wettbewerb ausgeschlossen werden, die sich inhaltlich in pro-grammatisch-ideologischer Positionierung ausdrücken kann, dann können sie an der Willensbildung und der **Qualität der Demokratie** auch nicht mitwirken. Angeblich lebt aber die Demokratie gerade von der Denk-Innovation und dem intensiven und kritischem Gedankenaustausch mit Andersdenkenden. Mit abwertenden Denkhaltungen, die oft nicht weiter begründet werden, wird dieser Evolutionsprozess zertrampelt und den Idealen von Freiheit und einer freien Demokratie der Garaus gemacht. Das Zusammengehörigkeitsgefühl und das „Wir" kann da nicht bestehen, der Konflikt zwischen traditionsgebundenem Heimat- und Volksgefühl und dem entnationalisierten modernen Europa- oder Weltbürgertum ist spalterischer Tendenz. Je unbeweglicher Altparteien sind, desto mehr verteidigen sie ihre Pfründe, wehren den Wolf ab, der in die Herde einzubrechen wagt. Der Bürger sieht die **Probleme**

---

[157] https://www.heise.de/tp/features/AfD-Die-Partei-fuer-die-weniger-Intelligenten-3987277.html

[158] https://www.zentralratderjuden.de/fileadmin/user_upload/pdfs/Gemeinsame_Erklaerung_gegen_die_AfD_.pdf

[159] https://www.zeit.de/politik/deutschland/2019-06/cdu-vorsitzende-afd-mitschuld-tod-walter-luebcke-annegret-kramp-karrenbauer

[160] https://www.spiegel.de/politik/deutschland/peter-tauber-sieht-steinbach-weidel-hoecke-mitschuldig-am-luebcke-mord-a-1273161.html

[161] https://www.grin.com/document/464059 Abschnitt 2.2 Minimaldefinition von Rechtspopulismus

[162] Beschluss vom CDU-Bundesvorstand zu AfD Juni 2019

[163] https://afdkompakt.de/2019/06/26/parteipolitische-instrumentalisierung-des-mordes-an-walter-luebcke-ist-beschaemend/

möglicherweise in anderer Wichtigkeit[164] als die Altparteien, aber er spürt, dass sie gewaltig sind, so in der Sozial- und Wirtschaftspolitik, der staatlichen Haushaltspolitik, die zur Lösung anstehen – und besonders, wer soll das alles bezahlen?[165] Es ist erstaunlich, wie die Probleme weiter und weitger schwelen, z.b. in der Wohnungspolitik, und der Bürger ärgert sich, weil er keine durchgreifende Lösung erkennen kann, weil die Politik z.b. die Rüstungs- und Verteidigungspolitik als dringender ansiedelt. Ein nicht unbeträchtlicher Teil der Bevölkerung ist zu der Überzeugung gekommen, *keine Partei könne die Probleme des Landes lösen.*[166]

Zitat: *Es kann einem Zweifel gar nicht unterstellt werden, dass eines **Volkes** Vor- und Rückschritt durch das bewusst oder unbewusst ihm vorschwebende **Ideal** bedingt oder bestimmt wird.* [167] *Moderne **Demokratien** weise den Weg konflikthafter Willensbildung-s und Entscheidungsprozesse auf.*[168]

Nicht ungewöhnlich ist, dass eine **Partei** sich als diejenige sieht, die in Zukunft die aufkommenden Probleme **am besten lösen** kann, wenn man nur die Rangreihe der anstehenden zweckmäßig ordnet, z.B. als wichtigstes die **Bedrohung der Welt** durch das menschengemachte Kohlendioxid als Übeltäter des Weltklimas, wobei man darauf vertrauen kann, das dieses Problem die wenigstens im Volk nach dem wahren Stand der Forschung kennen oder sich mit ihm kritisch auseinandersetzen. Der Weltuntergang ist ein probates Mittel, um Anhängerschaft durch Angstmacherei anzusprechen.[169] Wenn die Grünen (Partei) fordern, die Energieversorgung komplett auf „erneuerbare" Energien umzustellen, so ist das mit der Umsetzung und der Realität bei Ausbleibens von Wind und Solarenergie nicht bedacht.[170] Sie propagieren das Ende des Verbrennungsmotors, ein technisch-wirtschaftliches Chaos erzeugend. Kurzfristig denken ist Effekthascherei. Die Grünen sind auch moralisierend; ihre Vorschläge seien gut. Das ist **Überheblichkeit** und Hochmut: sie sind schwer davon zu überzeugen, dass sie im Denken falsch liegen, dass die Realitäten andere sind als sie uns erzählen. Grüne sind gekennzeichnet durch ihre abgelaufene **Anpassungsgeschichte,** ihre Politik ist nicht langzeitig stabil, wenn man nicht Stabilität im und durch Wandel sieht.[171] Sie betrachtet sich als Bündnispartei und als diejenige, die in Untergangsszenarien die Bewältigbarkeit demonstrieren will: *Veränderung mit Zuversicht.* Im Neuen Grundsatz-Programm wird man nicht näher konkret – und das ist überhaupt das Merkmal der Grünen. Es bleibt so manches offen. Liefern müssen sie erst später, hoffentlich kehrt die Erkenntnis nicht zu spät bei den Wählern ein, dass für den propagierten Wandel im Land gedacht und hart gearbeitet werden

164 https://de.statista.com/statistik/daten/studie/2739/umfrage/ansicht-zu-den-wichtigsten-problemen-deutschlands/
165 https://www.politik.uni-osnabrueck.de/POLSYS/Archive/czada.lehmbruch.parteienwettbewerb.pdf
166 https://www.cicero.de/innenpolitik/wer-loest-die-probleme-im-land/48171
167 Johannes Scherr (1817-1886) Demokratischer Abgeordneter der württembergischenKam,mer, musste 1849 in die Schweiz emigrieren.
168 http://www.bpb.de/izpb/248593/demokratie-in-der-krise-und-doch-die-beste-herrschaftsform?p=1
169 https://www.sueddeutsche.de/politik/interview-am-morgen-csu-generalsekretaer-kerngeschaeft-der-gruenen-ist-angstmacherei-1.4274732
170 https://www.thegwpf.com/oystein-noreng-eu-energy-dis-union/ Übersetzung: https://www.eike-klima-energie.eu/2019/06/16/energie-zerbricht-die-eu/
     https://www.eike-klima-energie.eu/2019/04/16/unsere-energieversorgung-wird-immer-fragiler/
     In der Bundesrepublik sind 90 % der alternativen Energien Wind und Solar und die können ausfallen
171 http://www.bpb.de/politik/grundfragen/parteien-in-deutschland/gruene/42151/geschichte 2018
     https://www.zeit.de/politik/deutschland/2019-03/die-gruenen-konvent-grundsatzprogramm-buendnispartei Katharina Schuler, 2019

muss, zum Wohle aller. *Immer mehr Leute haben genug von den **hohlen Parolen über die noblen Werte**, die von der Europäischen Union angeblich verkörpert werden. Das verlogene Gelaber über Freiheit und Menschenrechte und **soziale Gerechtigkeit**, für die die EU angeblich steht, hängt immer mehr Bürgern zum Hals heraus, wenn sie im realen Leben genau gegenteilige Erfahrungen gemacht haben: nämlich weniger soziale Gerechtigkeit, dafür mehr Überwachungs- und Polizeistaat und weniger Freiheit und Schutz der Privatsphäre.*[172]

Viel ist von „**westlichen**" **Werten** die Rede, die das Leben in westlichen Demokratien bestimmen würden, aber so recht weiß niemand, was konkret damit gemeint ist. wohl etwa Demokratie, Freiheit und Gleichwertigkeit, aber der Bürger misst mit der Realität. Was sollen damit prekär Beschäftigte oder neokolonial Ausgebeutete damit anfangen? Und historisch denkende sehen in der Völkergeschichte, was alles mit „Werten" angefangen wurde, welche Untaten alle damit gerechtfertigt wurden. Werte unterliegen Tendenzen – und den jeweiligen Machtverhältnissen. So mancher Flüchtling erwartet nicht, dass Wohltäter kommen und sie vor Diktatur und Hunger retten. Die Europäische Union betrachtet sich bei Gründung im Vertrag von Lissabon als Wertegemeinschaft, aber westliche Werte haaben eine basieren auf kulturgeschichtliche Vergangenheit, die Identität innerhalb der Europäischen Kommission jedoch auf einer neuen Identität-Proklamation. Wer trägt hier die Verantwortung – und wo ist die **demokratische Entscheidungsprozedur** geblieben? Die neue Kommissionspräsidentin wurde von den Regierungschefs von Deutschland und Frankreich vorgeschlagen, das Europäische Parlament bestätigt letztlich diese Entscheidung durch Abstimmung.[173]

Manche Enttäuschung erfährt das Volk, wenn ihre Erwartungen in die politische Wiedervereinigung 1990 nicht erfüllt werden, wenn sie die Deindustrialisierung hinnehmen mussten, weil die **Politik über die Treuhandanstalt** viele Betriebe in der ehemaligen DDR für marode erklärte. *Zu der alltagsweltlichen Erschütterung nach 1989/90 gehört, dass für viele die eigenen Lebensumstände **im Namen der Freiheit** erst mal prekärer wurden.*[174] Die Ostdeutschen waren Objekte geworden, sie waren keine Aktivisten ihrer eigenen Zukunft mehr. Die Privatisierung duldete kaum einen Widerspruch. Heute dürfen sie Opposition üben, mit faktisch keinem Erfolg; die Eliminierungen durch die **Treuhandanstalt** werden nicht aufgearbeitet, sie bleiben als **negatives Denkmal** in den Gehirnen.

*Ein Demokrat braucht nicht zu glauben, dass eine **Mehrheit** immer eine **weise** Entscheidung treffen wird. Woran er glauben soll, ist die Notwendigkeit, dass der Mehrheitsbeschluss, ob klug oder unklug, angenommen werden muss, bis die Mehrheit einen anderen Beschluss fasst.*
Bertrand Arthur William Russell (1872-1970)

Wenige Menschen denken – und doch wollen alle entscheiden.
Friedrich der Große (1712 – 1786)

---

[172] https://kenfm.de/tagesdosis-17-5-2019-viel-schaum-fuer-die-europawahl/ Rainer Rupp
[173] https://deutsch.rt.com/meinung/90378-europaische-union-mit-neuer-kommissionschefin/
[174] https://de.sputniknews.com/politik/20190723325490421-breuel-treuhand-ddr/ V. Knigge, TLZ

Der Mensch als denkendes und wollendes Wesen.

Wir Menschen deuten das spontane Verhalten von Säugetieren - und wir gehören dazu - z.B. auf sich verändernde Situationen als instinktiv, ja sogar als angeboren (und vererbt)[175], wenn dieses ohne ein Überlegen, ohne einen mentalen Prozess abläuft. Dessen wird man sich nicht immer bewusst, weil so manches Handeln des Menschen „automatisch" vollzogen wird. Kinder fragen nicht selten nach mit dem Begriff „Warum", denn sie möchten die Kausalität verstehen, d.h. den **Zusammenhang von Ursache und Wirkung**. Das Suchen und Erkennen dieses Prinzips an dem jeweiligen Geschehen um uns ist ein Ansatz zum Denken; nichts geschieht einfach zufällig. *So hat jeder Gedanke, den wir denken, jede Tat, die wir vollbringen ihre direkten und indirekten Ereignisse, welche in die große Kette von Ursachen und Wirkungen passen.*[176] Schon in der Frühzeit der **Evolution** fragten sich die Menschen: Warum muss der Mensch sterben? Man erahnt etwas von der Größe und Macht in dem Walten der Natur, entwickelt Glaubens-Vorstellungen, durchsetzt diese mit Ideen und überbrückt Unscharfes, Sinnliches durch **Denkprozesse**, man beginnt zu forschen und auch eine Verantwortung aufzubauen für das, was in Schöpfungsmythen übertragen ist.[177] *Der Schöpfungsgedanke bildete eine Voraussetzung, die jenseits der Alternative von Glauben oder Nicht-Glauben stand.*

Heute befasst sich die Wissenschaft mit der Grundfrage des Glaubens und Denkens, denn hier ist der Mensch vollständig eingebunden, die Schöpfung insgesamt scheint von ihm nicht erfasst zu werden.[178],[179] *Ohne Denken bliebe die Wahrnehmung ein nicht weiter fassbares zusammenhangloses diffuses Aggregat von Empfindungsobjekten.*[180] Der **Mensch** darf sich selbst als **Teil der Schöpfung** denken, als solcher könnte er z.B. die **Aufgabe haben:** mit seinem Denken, Wissen und den Mitteln, die er selbst geschaffen hat, Sorge zu tragen für das große Werk, in dem die Natur und der Mensch Bestandteile sind. Das Denken beschert dem Menschen die Möglichkeit, Vorstellungen in Alternativen zum Seienden zu erarbeiten: Er konnte z.B. die Lebenssituation verbessern, aber auch für kriegerische Auseinandersetzungen Mittel entwickeln, furchtbare Sachen ausdenken. Warum überwindet der Mensch nicht diese Ambivalenz-Variante, auch „Unmenschliches" in die Tat umzusetzen? Vermutlich fehlt ihm da die **Orientierungseinsicht, die Vernunft**.[181] Ob dann außerdem das jeweilige Handeln frei von Widersprüchlichkeit ist, muss geprüft werden.[182]

Das Lösen und Abheben vom Gegenständlichen, das **Abstrahieren** und etwas durch mentale Symbole auszudrücken[183], dürfte ein wichtiger **evolutionärer Vorgang im Denken** gewesen sein – unabhängig vom neuronalen Prozess des Hirnstammes als Regulationsorgan lebenswichtiger Körperbereiche. Die Fähigkeit, diese geistige Welt zu erweitern, ins Bewußtsein zu übernehmen und Neues zu erfinden, kritisch und intuitiv Schlüsse zu ziehen, ist die **Kreati-**

---

175   https://de.wikipedia.org/wiki/Instinkt
176   https://www.hermetik-international.com/de/das-gesetz-von-ursache-und-wirkung/
177   https://de.wikipedia.org/wiki/Sch%C3%B6pfung
178   https://www.evangelisch.de/inhalte/102090/20-10-2010/glaube-und-wissenschaft-passen-durchaus-zusammen   Unterschiedliche Perspektiven
179   http://geb.uni-giessen.de/geb/volltexte/2013/9460/pdf/GU_21_1988_2_S25_34.pdf   S. 28
180   https://anthrowiki.at/Denken
181   Vgl. hierzu schöpferische Vernunft. https://www.bueso.de/benedikt-xvi-schoepferische-vernunft-grundprinzip-universums   Liberia Editrice Vaticana
182   https://de.wikipedia.org/wiki/Kategorischer_Imperativ   hier die verschiedenen Interpretationen
183   https://www.spektrum.de/magazin/wie-der-mensch-das-denken-lernte/828592

vität manchen Individuums. Damit ist schöpferische Kraft oder Fähigkeit gemeint.[184] Sie fängt an, Sprache zu „erfinden", zu gestalten, gebrauchsfähig zu machen und endet u.a. im Künstlerischen, frei von einer Glaubensrichtung.

Vom unterschiedlichen Grad **kognitiver Fähigkeiten**[185] bei den verschiedenen menschlichen Individuen wissen wir einiges, dass es das Ergebnis vieler Faktoren in Genetik und soziokultureller Gegebenheiten sein soll. Aber wir wissen wenig über das Vorkommen der Module geistiger Fähigkeiten in der Bevölkerung oder den Bevölkerungen. Bespielhaft gibt es eine Vermutung über die sogenannte **Intelligenz**, die aller Wahrscheinlichkeit nach hauptsächlich erbbedingt ist.[186] Über andere Eigenschaften wie die der Vernunft und ihrer Anwendung usw. ist nichts bekannt. *Kreativität und unabhängiges Selbstdenken, Vordenker, Individualisten und Unangepasste können sich in einer scheinbar freien, jedoch oft von handfesten Interessen dienlichen Verhältnissen beherrschten Gesellschaft nur schwer entwickeln und durchsetzen.*[187] Ist die allgemeine Schwierigkeit des Denkens dafür der Grund oder ist Denken und Nachdenken unüblich, gar verpönt? Oder schreckt man vor den sich dann möglicherweise immer weiter ergebenden Fragen zurück? Begnügt man sich deshalb mit der Überschaubarkeit des Einfachen, das dann zum **Grundprinzip des Denkens** vieler Individuen wird?

Der Zusammenhang zwischen verschiedenen Ereignissen muss unmittelbar, sozusagen zwangläufig einleuchten, charakteristisch im ursprünglichen **Glauben**, im Religiösen wieder zu finden. Was man sich nicht erklären konnte, musste einen außerordentlichen, einen göttlichen Ratschluss entsprungen sein. Erst als man sich davon zu lösen suchte durch den Ersatz in der Art des Denkens, begann so etwas wie Philosophie, einer Freiheit von Dogmen[188], wozu es dann der Formen von Sprache und Kausalität (Logik) bedurfte, die Kommunikation benötigte Normen.[189] Die Gegenstände wurden nach Merkmalen bezeichnet, erst dann konnte man diese durch Sortieren usw. ordnen, ggf. durch symbolisierte Zeichen konzentrieren. Mit der Zunahme der Zahl ist der Beginn der **kognitiven Verarbeitung** verbunden.[190] Mit der Gabe, Wörter nach bestimmten Regeln zu kombinieren, sie nach einem festgelegten Regelwerk aneinander zu fügen, erlangen sie eine Bedeutung, je nach individuellem Wissen und Können nicht immer gleich.

Zu den Wörtern, denen man eine bestimmte Bedeutung zuordnet, gehören die **Begriffe**, die keineswegs gegenständlich sein müssen, sondern sogar einen größeren gedanklichem Inhalt entsprechen, die allerdings nicht selten – dynamisch - weiter entwickelt werden, manchmal von verschiedener Seite unterschiedlich interpretiert, so dass im Verstehen Verwirrung eintritt.[191] Es ist auch möglich, dass jemand mit seine Sichtweise in der Kommunikation das Verstehen bestimmt, er „besetzt" gewissermaßen den Begriff für sich.[192] Es entstehen Streit und

184 https://link.springer.com/chapter/10.1007/978-3-540-77936-0_3
185 https://www.spektrum.de/magazin/wie-der-mensch-das-denken-lernte/828592
186 http://www.ihvo.de/200/normalverteilung-der-intelligenz/
     https://www.faz.net/aktuell/feuilleton/sarrazin/die-thesen/intelligenz-von-menschen-und-ethnien-was-ist-dran-an-sarrazins-thesen-11041641-p2.html http://www.darwin-jahr.de/evo-magazin/unterdrueckung-intelligenzforschung634c?page=0,4&%24Version=1&%24Path=%2F
187 In https://www.umwelt.uni-hannover.de/fileadmin/institut/Arbeitsmaterialien/1_Der_vernunftbegabte_Mensch.pdf
188 https://homepage.univie.ac.at/franz.martin.wimmer/stud-arbeiten/vo0405arbhaiden.pdf
189 https://doi.org/10.1515/flin.1969.3.1-2.46
190 https://de.wikipedia.org/wiki/Sprachentwicklung
191 https://www.uni-hamburg.de/gleichstellung/download/antirassistische-sprache.pdf -
192 https://www.bpb.de/politik/grundfragen/sprache-und-politik/42715/begriffe-besetzen?p=all

Kämpfe um den „richtigen" Inhalt. Es bleibt auch nicht aus, dass man Begriffe absichtlich mit Zeitgeist belegt, um sie dann als überholt kennzeichnen zu können, um sie abzuwerten. Das kann zu einer schlimmen Geißelung unserer Kultur führen, man traut sich nicht sie zu gebrauchen, weil man fürchten muss, in die Ecke des Abseits gestellt zu werden.[193]

Im menschlichen Leben gibt es Bereiche, in denen Sachprobleme erörtert werden, in denen die Sachinhalte in den Aussagen verstanden und behandelt werden bzw. werden müssen, in denen es nicht darauf ankommt, wie sie individuell dargestellt oder wahrgenommen werden. Gerade die Kunst in der Kommunikation, die eigenen Erfahrungs- und Gefühlswelten in der **Sachdiskussion** außen vorzulassen, gehört zum Beispiel dort, wo es um den Fortschritt in der Sache geht, wie im Parlament, zu den Merkmalen der Anwendungs- und Ausbildungsreife und des Erfüllens seiner Aufgaben.[194] Dabei gibt es die Möglichkeit, sich ständig selbst zu überprüfen.[195] Aber wer tut das?

Unser Bundesparlament ist verbesserungsbedürftig, aber der Vergleich mit schlechteren oder mit Diktaturen ist wenig sinnvoll, weil es zur Selbstgenügsamkeit führt.[196] Die **Debattenkultur** *ist ein schöner Mythos. Wie soll die Diskussion durch eine Rede im Parlament argumentativ weitergetrieben werden? Man fragt sich, für wen wird das gesagt: für die Fernsehkameras, für die Tribüne? Wer im Bundestag nicht redet, ist die zuständige Ministerin von der Leyen. Dafür sitzt sie abends bei Maybrit Illner und erklärt, was sie dem Parlament hätte erklären müssen. Um dann von Illner mit der von jedem Sinn verlassenen Frage konfrontiert zu werden: Hätte die Kanzlerin Sie entlassen müssen? Weiter kann sich Politik nicht von den Be-dürfnissen der Bürgerschaft entfernen, als wenn eine Moderatorin die Ministerin fragt, ob deren Vorgesetzte sie für das, was sie gerade im Fernsehen verteidigt, hätte entlassen müssen.*[197]

*In Parlamenten mit Mehrheitsregierungen herrschen hierarchische Entscheidungswege, die als solche und für sich allein genommen zutiefst **undemokratisch** sind und die auch zusammen genommen nicht gerade zu den Meisterleistungen demokratischer Entscheidungsfindungskunst zählen: Die Regierung fasst einen Beschluss. Dann informiert sie die Fraktionsführung(en). Die Fraktionsspitze(n) sorgt(sorgen) dafür, dass die Mitglieder der Fraktion ausnahmslos im Sinne der Regierung entscheiden, notfalls mit Drohungen, Sanktionen, nacktem Zwang und Geld- oder Postenentzug. Das ist man gewohnt. So sind Entscheidungen im Bundestag schon immer gefällt worden. Das entspricht der vorherrschenden **autoritären** **Mentalität**.*[198] *Der Niedergang der Debattenkultur in den Parlamenten steht allerdings in eklatantem Gegensatz zu den **Notwendigkeiten unserer Zeit**. Auch dies ist ein Indiz dafür, dass die Welt der entwickelten repräsentativen Demokratien aus den Fugen geraten ist.*

---

[193] https://web.de/magazine/politik/geplante-provokation-analyse-sprache-afd-32993878

[194] https://link.springer.com/chapter/10.1007/978-3-322-80348-1_32 W. J. Patzelt, ISBN 978-3-322-80348-1
https://tinyurl.com/y36n8p4c https://tinyurl.com/yy38b9zv
https://www.fischerverlage.de/media/fs/308/LP_978-3-10-092109-3.pdf Willemsen, Roger

[195] https://www.uniklinik-freiburg.de/fileadmin/mediapool/10_andere/psysoz-beratung/kommunikation.pdf

[196] https://www.zeit.de/2014/17/streitgespraech-willemsen-lammert

[197] https://www.tagesspiegel.de/politik/erinnerung-an-roger-willemsen-man-fragt-sich-fuer-wen-das-gesagt-wird-fuer-die-fernsehkameras/9660382-2.html

[198] https://www.heise.de/tp/features/Die-deutsche-Angst-vor-Minderheitsregierungen-3906809.html?seite=all W.J. Koschnick, 4.12.2017 Viele Kommentare

Das Denken des Durchschnittsmenschen.

Wir vermuten, dass sich die menschlichen Individuen an verschiedenen Stellen der Erde entwickelt haben und dass ihr Erbgut sich biologisch in der Keimbahn seit vielen tausend Generationen fortgesetzt hat, womöglich durch Mutation und Gendrift sich verändernd, die genetische Vielfalt erhöhend.[199] Die molekularbiologischen Unterschiede betreffen statistische Verteilungen, der größte Anteil genetischer Unterschiede zwischen Menschen befindet sich innerhalb geographischer Populationen mit höchstens 10 %.[200]. Die Klassifizierung als Rassen ist wissenschaftlich nicht hinreichend begründet, sie simplifiziert z.b. an körperlichen Merkmalen, die natürlich in der Menschheit verteilt sind. Das dürfte auch für die menschlichen Fähigkeiten gelten, deren erbbiologisches Zustandekommen ungeklärt ist, vermutlich haben sich diese mit den Vorteilen von Intelligenz durchgesetzt, wobei die Verteilung nach dem Intelligenzgrad unbekannt ist.[201] Wir haben noch heute *keine Ahnung, wie das Gehirn die Unmenge von elektronischen und chemischen Signalen in das umwandelt, was wir gemeinhin unter Bewusstsein oder Denkmustern verstehen. Das zu ergründen ist aber entscheidend, wenn wir jemals wirklich verstehen wollen, was es ausmacht, ein Homo sapiens, ein - man benutze diesen Begriff mit Bedacht - vernunftbegabtes Wesen zu sein.*[202]

Die Potenz, vernünftig handeln zu können, muss mit dem **Willen** gepaart werden, um Wirklichkeit werden zu können. Die Philosophen suchten danach, weshalb die Vernünftigkeit vom Menschen ausgeübt werden müsste, dabei stoßen sie auf die Selbstbestimmung aus Gründen moralischer Art für das (vernünftige) Zusammenleben, die Gesellschaft. **Vernünftiges Handeln** entspreche der Würde des Menschen.[203] Diese ethische Geltung setzt jedoch Eigenschaften der Person voraus, die bereits u.a. als **Tugenden** beschrieben wurden.[204] Zum Handeln gehören auch Entscheidungen, die mit den Normen der rationalen Zielfindung aufgrund bestmöglichen Wissens übereinstimmen[205], was wiederum voraussetzt, dass die Aufnahmefähigkeit und die Bereitschaft dafür gegeben sind. Eines sollte klar sein: Ohne eine Leistung des Prüfens auf Ausschluss von Unvernünftigkeit ist diese Sicherheit nicht zu gewährleisten. Auf ein vernunftgesteuerte Denken sollte sich der Bürger bei Entscheidungen der Politik verlassen können.

Im Laufe der langen Evolutionszeit entwickelte der Mensch besondere **Fähigkeiten,** insbesondere durch seine geistigen **Vorstellungsmöglichkeiten,** er konnte ungeahnte Veränderungen seiner Umwelt hervorrufen, so durch die Rodung der Wälder, durch Förderungen des Fleischverbrauchs durch Viehzucht. Der geistige Umbruch wirkt dabei wesentlich auf den Menschen an sich, der als Individuum die Menschheit abbildet, vermutlich verlässt er dann den ursprünglichen Glauben an eine übernatürliche Richtkraft, der die Geschicke dieser Welt lenkt, und nutzt seine **Denkfähigkeiten**, die Gesetze der Natur zu erforschen. Er staunt über

---

[199] https://www.zeit.de/zeit-wissen/2014/01/mensch-evolution-zukunft Niels Boeing
[200] https://tinyurl.com/y3w8gqpb
   Warum_und_mit_welcher_Wirkung_klassifizieren_Wissenschaftler_Menschen
[201] https://www.wissenschaft.de/umwelt-natur/evolution-wird-der-mensch-intelligenter/
   https://www.spiegel.de/wissenschaft/natur/intelligenz-und-evolution-dummheit-siegt-a-309099.html
[202] https://www.evolution-mensch.de/thema/gehirn/gehirn.php
[203] https://research.uni-leipzig.de/fernstud/Zeitzeugen/zz1078.htm   https://tinyurl.com/y4j4v4gb
[204] https://www.uni-muenster.de/imperia/md/content/kfg-
   normenbegruendung/intern/publikationen/gutmann/94_gutmann.quante_-_menschenw__rde.pdf
[205] https://karrierebibel.de/rational/ https://www.mpib-berlin.mpg.de/de/forschung/adaptive-rationalitaet

so manches, so z.B. über das, was manche als Geheimnis bezeichnen, er verstrickt sich so auch in einen nicht mehr einfach zu durchschauenden Komplex, er oder zumindest einige Individuen wollen aufklären, die Dogmenherrschaft brechen. [206] Der Mensch musste **lernen**, die Sirenengesänge von Propheten über die für die besseren und gerechten Verhältnisse führenden Wege **kritisch zu analysieren** und sich frei zu machen vom Ballast überkommener, überlieferter oder dauernd propagierter An-sichten, musste zu einem **eigenständigen Denken** kommen, auch wenn es schwer fällt. Welchen Einfluss haben da z.B. die Bevölkerungsentwicklung und die Migrationen, sind es bedrohliche Phänomene? Was bedeuten die ständig angezettelten Streitigkeiten, Kriege, Zerstörungen usw. für die Zukunft; fordern sie nicht die **Vernunft** bei jedem Individuum?[207] Die gegenwärtigen Staatsformen, die Ziele vieler politischer Parteien ermutigen derzeit die **kritischen Individuen** jedoch nicht, auf eine (baldige) Besserungs-Realisation zu hoffen, denn die *formale Entscheidungs-kompetenz verbleibt weitgehend in den der Parteien*[208], dem Individuum nur das allgemeine Ziel persönlicher Lebensoptimierung.

Für den einzelnen Menschen ist wichtig, dass er auf einen Wissensschatz zurückgreifen kann, auf das, was bis zum Unterbewusstsein herabreicht. Demgemäß greift er auf das ihm Verfügbare zurück, ggf. unter Abschätzen nach Ähnlichem. Weil er nicht alles weiß, muss er Komplexes für sich vereinfachen – je nachdem, was sich abschätzen oder vermuten lässt. Aufgrund der individuellen Streuungen kommen unterschiedliche Meinungen zustande, oft auch zu Verzerrungen.[209] Offensichtlich besitzen alle Menschen zwar grundsätzlich **Denkfähigkeiten**, nutzen diese aber in sehr ungleichem Maße, aus unterschiedlichem Grund. Manchen genügt es, wenn man einfach das allgemein für gut Gehaltene übernimmt, da braucht man nicht zu „prüfen‘" und muss nichts belegen. Das Nachdenken wird eingespart. Und wenn man im Wohlstand lebt, warum sollte man sich da noch mit dessen Risiken beschäftigen?[210] Manchmal meidet man das Problem einfach nur wegen des Schwierigkeitsgrades. Einfache Zusammenhänge wie Ursache und Wirkung ist der Mensch gewohnt, aber komplexe Funktionszusammenhänge überblickt er nicht mehr. *Komplexität hat nun einmal diese verflixte Eigenschaft, dass Dinge passieren, die eigentlich nicht passieren können, die man nicht geplant hat und überhaupt nicht planen kann. Jedenfalls nicht nach allerbestem Wissen und Gewissen.*[211] In einem komplexen System interagieren verschiedene Teile auf unterschiedliche Weise miteinander, wirken auf den Gesamtzusammenhang ein. Zum Verständnis muss man Modelle entwerfen und sehen, was welches Teil macht, ob es verstärkt oder neutral bleibt.[212] **Ausgefuchste Denker oder Denkerteams** entwerfen Modelle der Weltwirtschaft[213], des globalen Klimas und sind dann gezwungen, die Richtigkeit der von ihnen gewählten Ausführung, die Übereinstimmung mit der Realität zu beweisen, damit aus ihnen Handlungsstrategien abgeleitet werden können. Der **Durchschnittsmensch** ist hier wegen Überforderung zur Überprüfung nicht in der Lage, für manchen eine fatale Lage. Wen er ein vermeint-

---

[206] https://www.hausarbeiten.de/document/110445 Adalbert Rabich, 2006
[207] https://www.eva-herman.net/menschheit-im-umbruch/ https://www.eva-herman.net/moderne-zeit-viel-verstand-bei-geistiger-verarmung/
[208] https://www.bpb.de/izpb/219179/parteien-als-organisationen?p=2
[209]   https://www.wissensdemokratie.de/stand-wissenschaft/kognitionspsychologie
[210] Wohlstands-Verblödung, Roger Köppel, Weltwoche Nr. 265, 27.06.2019, S. 5
[211] https://www.humanagement.de/news-wissen/humanagement-blog/komplexitaet-meistern-wie-lernt-man-das
[212] https://www.bne-bw.de/fileadmin/downloads/Lehrer/Modul_4_Nachhaltigkeit_lernen.pdf S. 19
[213] https://www.bertelsmann-stiftung.de/fileadmin/files/BSt/Publikationen/GrauePublikationen/Die_Globalisierung_und_ihre_Komplexitaet-de_ST-NW.pdf

lich neutrales Lexikon wie Wikipedia als mächtige Informationsquelle nutzt, müsste er sich vor Augen halten, dass hier anonyme Schreiber dahinter stecken und es dort keinerlei solide Qualitätskontrolle oder geordnete Verantwortung gibt,[214]

So mancher möchte doch tiefer in die Materie eindringen, weshalb er das abstrakte Modell zu vereinfachen oder die **Komplexität** zu reduzieren sucht, wodurch jedoch manche Zusammenhänge zerstört werden, es taugt somit nicht mehr zu Aussagen über das reale Verhalten, aber es könnte möglicherweise etwas erklären. Man kann auch die Komplexität in verschiedenen Varianten modellieren, durchspielen (simulieren) und dann schauen, was herauskommt. Nur eine ehrliche Auseinandersetzung mit den Eigenschaften, Vor- und Nachteilen einer Reduktion hilft, Schwächen zu erkennen. Doch dabei bleibt wiederum der Durchschnittsmensch außen vor. Für den Politiker selbst besteht keine Pflicht, hier kompliziertes verständlich zu machen, bereits Beschlossenes nachträglich zu erklären. Vielfach ist vom **Erläutern** die Rede, also keine objektive, sondern parteiliche Betrachtung des Zustandekommens. Der Bürger darf gedanklich nicht partizipieren.

Häufig wird vom normalen, vom „verständigen"[215] **Durchschnittsmenschen** gesprochen, wobei meist eine bestimmte Eigenschaft der Bezug ist, so beispielsweise die Empfindlichkeit gegenüber Fremdstoffen bei der Ernährung, deren Unterschiedlichkeit durch einen Sicherheitsfaktor im Höchstmengen-Verhältnis zum gesunden Durchschnittsmenschen berücksichtigt wird.[216] Da ein Mensch bevorzugt auf sein Wissen und seine Schemata zurückgreift, wenn er Reizeinwirkungen auf sich verarbeitet, entsteht ein persönlicher **Eindruck**, wobei er die **Gefühlswelt** auszuschalten oder **psychisches Unbehagen** abzubauen sucht, ggf. aber auch **aktiv bekämpfen** muss, um einem **Vorurteil** vorzubeugen.[217] Problematisch ist fast immer, eine Abweichung vom normalen festzustellen, z.B. eine durch eine psychische Störung, man also den statistischen Durchschnitt als Messgröße oder das Verhalten zur Mehrheit heranzieht, also z.B. die kulturelle Einordnung einbezieht. Damit ergibt sich, dass der Durchschnittsmensch Verhaltens-Regeln unterworfen ist, ändern sich diese, verändert sich auch der Typ des Durchschnittsmenschen.

Wir setzen voraus, dass der Durchschnittsmensch sich in einem geordneten Staatsgefüge den dort geltenden Regeln gemäß verhält und die Fähigkeit hat, Einsicht in mögliches Unrecht, in asoziales Verhalten wahrzunehmen. Außerdem besitzt er eine Steuerungsfähigkeit (in seinem Handeln), so dass das auch so ist, aber in der praktischen Wirklichkeit wohl nicht im gleichen Maße. Da die Subjektivität, das Erleben, Wahrnehmen und Fühlen bei den Individuen zweifelsfrei unterschiedlich ist, wird die **Wahrheit** nicht immer gleich stark zu bewerten gesucht,

---

[214] https://www.youtube.com/watch?v=ZuRRosiK0PM Dirk Pohlmann über die Macht von Wikipedia https://www.stern.de/digital/online/wikipedia-autor-warnt--man-sollte-dem-lexikon-nicht-alles-glauben-7687954.html https://www.faz.net/aktuell/feuilleton/debatten/wikipedia-in-der-kritik-die-entwurzelung-des-wissens-1461719.html https://www.heise.de/tp/news/Massen-handeln-idiotisch-und-dumm-1993636.html

[215] https://www.bverwg.de/180509B8B13.09.0 Beschluss BVerwG 8 B 1309 vom 18.5.2009 Gründe Randnr.5

[216] https://novafeel.de/ernaehrung/adi-wert.htm

[217] https://www.strafverteidigervereinigungen.org/Material/Themen/Technik%20&%20Ueberwachung/35_blum.html Prof. Dr. Barbara Blum, Strafverteidigertag Berlin 2011 Mögliche Auswirkungen der Ermittlungsakte auf die Informationsverarbeitung und Entscheidungsbildung im Strafverfahren Masterarbeit Meike Janßen, 1994/2016 Leibniz Universität Hannover https://www.repo.uni-hannover.de/bitstream/handle/123456789/276/Unter_der_Last_der_Normen.pdf?sequence=1

wie in parlamentarischen Debatten an der Sprachkultur[218], an der **Wortwahl** und der jeweiligen **Sachverhaltsdarstellung** zu beobachten ist. Es genügt nicht, nur selbst von der Wahrheit überzeugt zu sein und etwas als Fakt anzusehen, sondern es muss sich als solches erweisen. *Wer das Internet nicht von den Informationen unterscheiden kann, die darüber übertragen werden, der ist schon per se nicht in der Lage, anderen die Welt zu erklären.*[219] In parlamentarischen Sachverhalts-Auseinandersetzungen gehören keine hasserfüllten Angriffe oder Wutbekundungen, insbesondere nicht im Gedankenaustausch, denn das ist eine Missachtung objektiver Debattenkultur.[220] Wer jemanden als **Populisten** abfällig tituliert und selbst ein solcher ist, sollte nicht ernst genommen werden, denn er muss sich messen lassen an dem, wie weit er in einem Niveau über dem Durchschnittsmenschen entfernt denkt und handelt.[221] Provokation ist kein Stil in einem Land mit langzeitiger Hochkultur und Aufklärung. Es heißt ja, das deutsche Volk sei das Volk der Dichter und Denker[222], womit sicher nicht gemeint ist, jeder im Volk sei ein solcher, sondern es ist ein Volk, wo diese Art von Menschen häufig vorkommt, vielleicht sogar mehr als anderswo.

Wenn man überlegt, wieviel wohl der Durchschnittsmensch an Intelligenz besitzt oder wie vernünftig dieser denn ist, dann stutzt man, denn man findet keine Identifizierungsmethode, keine Methode, um dieses herauszufinden. Bei der Intelligenz nimmt man einfach eine **Normalverteilung** an, und man erklärt die herausgefundene Größe nach einem IQ-Test hier als „normal" mit einer 15%igen Normalabweichung. Eine asymmetrische Verteilung kann man sich nicht vorstellen, aber wie ist es mit der Leistungsfähigkeit des abstrakten, schlußfolgerndem Denken? Was man allgemein unter „Intelligenz" versteht[223], meinen wir zu wissen, aber sie lässt sich nicht durch einen einzelnen Faktor oder Test messen, sie ist ein **Kompositum** aus Intelligenz, Kreativität, Fleiß, Motivation, Disziplin, einer durch Erfahrung erspürten Intuition[224] u.a., das einen Menschen „klug", „vernünftig" usw. und für eine Anforderung besonders geeignet erscheinen lässt.[225] Der zweite Teil, die **kognitive Pragmatik** inkorporiert im Individuum dann das im Leben Erworbene.[226] Dabei ist zu beobachten, dass so manche Sachverhalte für so manchen Durchschnittsmenschen uninteressant sind oder zu kompliziert, um sie einfach zu verstehen, man unterlässt dann das Nachdenken. Es wird sogar behauptet, nur 3 % unserer menschlichen Gedanken seien kreativ, positiv aufbauend, den Horizont des Bekannten erweiternd.[227] Nicht unerheblich ist dabei die Fähigkeit, bestehende Beziehungen bzw. Funktionen schnell zu erfassen, den Überblick zu erlangen. Und da stoßen wir oft an enge Grenzen.

[218] https://ids-pub.bsz-bw.de/frontdoor/deliver/index/docId/7373/file/
Schnerrer_Grundfragen_der_Sprachkultur_2001.pdf   S. 732 11.5.2.1 und folgende
[219] http://www.danisch.de/blog/2018/02/18/ein-geisteswissenschaftler-der-wichtig-sein-wollte/
[220] https://www.faces-of-democracy.org/joerg-biallas/   Institut für interdiszipl. Konflikt- u. Gewaltforschung
[221] https://www.blaetter.de/archiv/jahrgaenge/2016/april/schatten-der-repraesentation-der-aufstieg-des-
populismus Minderheiten vor herrschsüchtigen Mehrheiten schützen
https://www.welt.de/wirtschaft/bilanz/article161328634/Was-zum-Teufel-ist-Populismus.html
file:///C:/Users/Rabich/AppData/Local/Temp/afd1722.pdf Bundestag 11.07.2018 mit AfD Kilian Pfeffer
=? https://tinyurl.com/y48gjnjg
[222] https://de.wikipedia.org/wiki/Dichter_und_Denker
[223] https://www.stangl-taller.at/TESTEXPERIMENT/testintelligenzwasistdas.html
[224] https://tinyurl.com/y6demlhc   Gigerenzer, 2015 Die Intelligenz des Unbewussten
[225] https://www.ajum.de/2013iii/2013iii_ajum_dva_02.pdf
[226] https://pure.mpg.de/rest/items/item_2103248/component/file_2522306/content 2-Kompon.rIntelligenz
[227] https://www.manifestation-boost.de/70000-gedanken-pro-tag-wie-wirken-sie-sich-aus/

Davon profitieren dann die **Spiritualisten**[228], die die tiefere Dimension des Seins ergründen. *In einer wirklichen Notlage hält der Verstand an - du wirst vollkommen gegenwärtig im Jetzt und eine unendlich viel größere Kraft übernimmt die Führung.*[229] *Je mehr du also in dich gehst und sorgfältig darüber nachdenkst, warum du die Dinge tust, die du tust, desto stärker wird dein intrinsisches Motivationssystem.*[230] Als Folge davon müsse man eine antiautoritäre Haltung einnehmen, müsse sich selbstbewusst abheben vom Durchschnittsmenschen.[231] Vielleicht kommt man so zur Antwort, wie man die **bestmögliche Version** seiner selbst werden kann.[232] Unter den Menschen gibt es eben auch solche, die in der spirituellen Welt ihre Erfüllung finden., wieviel davon im Durchschnittsmenschen ist, wissen wir nicht.

Vieles im Leben spricht dafür, dass es wichtig ist, bloß nicht aufzufallen, bloß keine Fehler zu machen. Schon das Schulsystem – und schließlich auch das Parteiensystem - ist darauf angelegt, aber so tappt man in die Durchschnittsfalle, in die Talentfeindlichkeit.[233] Das von der Normalität Abweichende[234], der **Querdenkende** entspricht nicht mehr dem Bild des Gewöhnlichen und wird daher gemieden, obwohl man nicht weiß oder wissen kann, ob gerade dort der Fortschritt enthalten ist. Wir sind nicht in der Lage zu erkennen, ob und inwieweit ein kognitiver Fehler beim Durchschnittsmenschen vorliegt, ob mentale Defizite in der Repräsentation und Verarbeitung von Informationen bestehen.[235]

Der Durchschnittsmensch und die Masse.

Das Verhalten der Menschen ändert sich mit der Größe der Gruppe, in der er sich befindet. In Massenveranstaltungen gesellen sich zu einem gemeinsam „Entscheidenden"[236] auf Basis eines Gefühls der Zusammengehörigkeit oder der Folgsamkeit eines „Anführers". Das lässt sich auch für die Umkehrung feststellen: *wenn die Meinung schon vorher feststeht, sind wir kam vom Gegenteil zu überzeugen.* Kann bei Umfragen anonym geantwortet werden, kommt ein anderes Ergebnis heraus, als wenn man in der Gruppe fragt. In vielen Bewegungen religiöser oder parteipolitischer Art ist dieses Phänomen von Masse und vom **Massenmenschen** erkennbar.[237] In Demokratien wird die Haltung von Eliten oft als Legitimation herangezogen, so beispielsweise in der Frage eines Klimawandels, wobei diese auch organisiert sein kann. Auf der Psychologie der Massen beruht auch die Strategie von Massenmedien, wenn sie vorsätzlich Menschen in der Meinung beeinflussen wollen. *Die Massenseele besitzt keine Fähig-*

228 https://www.confessio.de/thema/spiritualisten-und-neuoffenbarer
229 https://de.wikipedia.org/wiki/Eckhart_Tolle
230 https://transinformation.net/warum-die-meisten-menschen-nicht-selbst-denken/ -
231 https://tinyurl.c, man lässt das Nachdenkenom/yxay9wp4   Carsten Metje   * 30.4.1962 Künstler, Sinn des Lebens
232 https://www.zeitzuleben.de/spiritualitaet-irgendwann-erwischen-sie-dich/
233 http://www.einblicke-altenburg.de/?q=node/1576
234 https://www.ssoar.info/ssoar/bitstream/handle/document/18297/ssoar-2008-kohler-normal.pdf?sequence=1 S. 1806
235 https://d-nb.info/968911145/34 . S. 131ff. S. 149
236 https://www.tagesspiegel.de/wissen/verhaltensforschung-die-verfuehrerische-macht-der-masse/20212998.html   http://kulturkritik.net/begriffe/begr_txt.php?lex=massenmensch
237 https://de.wikipedia.org/wiki/Masse_(Soziologie) https://de.wikipedia.org/wiki/Masse_und_Macht

keit zur Vernunft.[238] Die Masse kennt keine Tugenden, keine Pflichten, das einzelne Individuum geht in ihr unter.[239]

Der Durchschnittsmensch ist auch ein Konstrukt für das **soziale Verständnis von Masse**, das das soziale Verhalten mit- und übereinander zu studieren ermöglicht, aus der Beobachtung vieler Menschen mit gleichem oder ähnlichem Verhalten leitet man das der Gesellschaft ab, wobei man vom Einzelnen, der dann Außenseiter ist, absieht, soweit sich der „normale" willenlos und gleichgerichtet benimmt.[240] Dazu bieten sich die Massenmedien an:s wer konsumiert wie und wieviel davon und übernimmt die dargebotenen Thesen. Wer wirklich eigenständig denkt, weiß man nicht so recht, aber man erkennt dies bereits, wenn sich die einen Qualitätsjournalisten nennen, den anderen aber als Populisten hinstellen usw. Es ist ein Graus, wie stark sich Bewertungen von objektiven Kriterien abtrennen können, wenn es darum geht, nur Nachrichten von Fakten zu vermitteln, aber immer wieder der Sucht verfällt, vorsätzlich Tendenzen zur **Meinungsmache**, Vereinfachungen, **Vorlagen zu Denk-Kopien** unterzumengen.[241]

Das dem **Informationsangebot Querstehende** wird vom Durchschnittsmenschen ignoriert, aus welchem Grunde auch immer, aber gerade das torpediert das Entstehen von **Meinungsfreiheit**[242], etwas anderes als das, was der Durchschnittsmensch darunter versteht. Eine Kluft tut sich auf: die Elite weiß nicht, wie normale Menschen fühlen, vielfach will sie es auch nicht wissen, er will sich nicht „gemein machen".[243] Die deutsche Sprache kennt viele Ausdrücke für das Benehmen der „Besonderen".[244] Historisch ist bekannt: der Dünkel gefährdet unser basisdemokratisches Gefüge.[245] Trotzdem, solch ausgrenzendes Verhalten ist auch heute in der Realität nicht zu leugnen.

Mancher Zeitgenosse bezeichnet denjenigen, der etwas Naheliegendes, etwas Gesetzmäßiges nicht erkennt, als **dumm**, auch dann, wenn dasjenige, was man selbst vermeintlich erkennt, nur das Nachbeten vorgegaukelten Wissens ist, wie z.B. einem Schlagwort wie „Klimakiller". Je größer die Komplexität eines Sachverhaltes ist, je geringer die Chance ist, das als „wissenschaftlich" Vorgetragene zu überblicken, desto geringer ist die Menge der Durchschnittsmenschen, die sich damit überhaupt – noch nicht einmal kritisch – beschäftigen oder beschäftigen können.. Es wird geglaubt, je näher das Vorgetragene dem Einsehbaren und Dringlichen, dem Gewünschten ist und je mehr es wiederholend durch Medien dargeboten wird, vielleicht sogar durch Experten. Der **Manipulation des Denkens** scheinen die Tore geöffnet zu sein, vor allem bei den Visionen in die Zukunft, was so und so sein sollte und könnte, ohne Beweisbarkeitszwang des Vorgetragenen. *In Zukunft geht es um Empathie und Empowerment, um*

---

[238] https://narabo.de/massenpsychologie-der-mensch-als-masse
[239] https://qpress.de/2013/09/16/kriegstreiberei-heute-der-masse-sinkt-der-verstand-mit-der-anzahl-der-versammelten/ Ken Jebsen https://kenfm.de/
[240] https://tinyurl.com/yyeveqrx S. 93 Bartz, Christina MassenMediium Fernsehen. 2015
[241] https://meta.tagesschau.de/id/141823/medienfreiheit-europa-populisten-gegen-journalisten Kommentar
[242] https://www.kopp-verlag.de/Luegenpresse.htm?websale8=kopp-verlag.01-aa&pi=A3807122
[243]   https://dushanwegner.com/wir-kaffeetrinker/
[244] https://synonyme.woxikon.de/synonyme/d%C3%BCnkel.php
[245] https://www.spiegel.de/kultur/gesellschaft/haltung-bewahren-ein-plaedoyer-fuer-den-duenkel-a-392799.html

Gefühle und Gestaltung, um Fürsorge und Fortschritt.[246] Nur (mindestens) ein **Anschein von Logik** ist noch notwendig, wie am Beispiel der NATO[247] und Klimaschutz[248] demonstrierbar.

Seit jeher gab es Menschen, die an Weisheit, Stellung usw. gegenüber dem Durchschnittsmenschen hervorragten und denen man deshalb Glauben schenkte. Hierzu gehörten schon die Vorläufer von Priestern[249], Propheten, aber auch heute agieren noch Menschen als Verkünder von zu Interpretierendem wie dem zunächst im Wesentlichen als Verteidigungsbündnis gedachte Staatengruppierung.[250] Der Kosovo-Krieg von 1999 entzauberte die **NATO** von ihrem Menschenrecht-Nimbus, weil sie – auch mit der Bundeswehr - ohne UN-Sicherheits-Rat Mandat kämpfte.[251] Ungeniert darf die deutsche Verteidigungsministerin Rußland einen Aggressor nennen, die USA einen Weltordner. Deshalb müsse man aufrüsten. Alle die, die nur den Frieden wollen, sind wahrscheinlich Deppen. In diese Gruppe von Menschen gehören auch diejenigen, die dem gemeinen Volk weismachen wollen, dass sie **Versprechen** wirklich einzuhalten gedenken. Manche Redner von Parteien zeichnen sich dadurch aus, dass sie – meist zu Wahlen – versprechen, was sie machen wollen, aber der aufmerksame Hörer weiß, dass das unverbindlich und oft nur ein Anlocken ist.[252] *„Wie versprochen, so gebrochen"* – das weiß doch schon jedes Kind: *Lügen ohne rot zu werden.*[253] Das ist eines der Übel, aus dem heraus Misstrauen entsteht.

Das Wetter und das Klima.

Der Durchschnittsmensch informiert sich durchweg über das **Wetter**, die Wetterprognose ist die tägliche Information, die man sich im Fernsehen anschaut. Aber das ist nicht das Klima, das vom IPCC definiert wird als *die statistische Beschreibung in Form von Durchschnitt und Variabilität relevanter Größen* [wie Temperatur, Niederschlag und Wind] *über eine bestimmte Zeitspanne*[254], insbesondere ab dem Zeitraum Mitte des 20. Jahrhunderts, wobei über die ganze Erde hinweg es sich um das **globale Klima** bzw. der Änderungen im Klimawandel handelt. Es wird nun ein Einwirken des Menschen darauf postuliert, was wissenschaftlich nachzuweisen wäre. Bisher werden in der Erdgeschichte Wandel und Ereignisverknüpfungen damit angenommen. Gegenwärtig erforscht man auf verschiedene Weise Einflussfaktoren auf eine Erwärmung. Ob Deutschland repräsentativ für andere Regionen oder die Welt sein kann,

---

[246] https://www.zukunftsinstitut.de/artikel/die-neue-aera-der-propaganda/
[247] https://www.nachdenkseiten.de/?p=49026 Albrecht Müller, 04.02.2019 Zurück zum Kalten Krieg
[248] https://tu-freiberg.de/sites/default/files/media/interdisziplinaeres-kologisches-zentrum-6414/klimawandel_klimaschwindel_web.pdf https://www.eike-klima-energie.eu/2019/05/11/der-missverstandene-klimawandel/
[249] https://archive.org/details/DarwinRandolphCharlesDieEntwicklungDesPriestertumsUndDerPr
[250] https://de.wikipedia.org/wiki/NATO heute umfassender für „Sicherheit und Stabilität"
[251] https://www.gegenfrage.com/nato-jugoslawien/ 2015 Viele Kommentaare
[252] http://www.gavagai.de/skandal/HHD0873.htm Wahlversprechen/lügen
https://www.ksta.de/gebrochene-versprechen-die-beruehmtesten-wahlluegen-13011438
[253] https://www.hilferuf.de/forum/familie/136384-warum-l%C3%BCgen-manche-menschen-ohne-rot-zu-werden.html
[254] https://de.wikipedia.org/wiki/Klima https://www.eike-klima-energie.eu/2017/12/0o6/die-entwicluongdere-welt-durch-emeregente-selbstorganisation-einebuchempfehlung/

ist nicht belegt.[255] Darin liegt eine wesentliche Schwierigkeit des Verständnisses und für kritische Betrachtungen. Die Medien nutzen jede Gelegenheit, das Faktum Klimawandel für eine weltweite **Krise** verantwortlich zu machen, dagegen wäre angebracht, nüchtern darüber zu diskutieren[256], vor allem in Bezug auf die nicht hinreichend genauen und zuverlässigen Messdaten, insbesondere ihrer trendbehafteten Adjustierung. Die Behauptung, die Wissenschaftler seien sich einig in der Beurteilung des Klimas und ihrer relevanten Daten, ist in Wahrheit eine Täuschung[257], allein deshalb, weil die **Klima-Frage** inzwischen kommerzielles **Geschäfts- und Interessensmodell**[258] und DKK[259] als PR-Akteur tätig ist.[260] Der gewöhnliche Durchschnittsmensch ist nicht in der Lage, den Wert der Aussage der Wissenschaftler-Minderheit zu beurteilen, sich eigenständig kritisch mit Problemfeldern wie der sich laufend lokal verändernden Wolken und global wirkenden Wolkenbewegung, den atmosphärischen Wasserkreisläufen[261] zu befassen. Ein schlimmer Fakt in Bezug auf unsere aufgeklärte Kultur.

Wenn wir etwas am **Klimazustand ändern** wollen, dann taucht sofort die Frage auf, ob wir - und hier besonders Deutschland - die Änderung mit unseren Mitteln überhaupt erreichen können ohne unser Wirtschaftssystem zu demolieren, ohne unser Verbrauchsverhalten grundlegend den Forderungen anzupassen. Das als Schädling herausgestellte Kohlendioxid ist eine Folge der Energieerzeugung, auf der unsere ganze Industrie aufbaut. Die ideologisch geprägte Vorstellung eines radikalen Umbaues unserer Gewohnheiten ist nicht nur **realitätsfremd**, sondern auch die Gesellschaft spaltend. Der Traum, dass Deutschland der Welt zeigt, wo es langgehen soll, scheint nach den Gegebenheiten nicht wahr werden zu können.[262].

Das Denken in Prinzipien.

Offenbar wollen nur wenige Menschen hinter das Geheimnis von Gesetzmäßigkeiten oder Kausalketten kommen, aber nicht finden können und auch solche, die etwas suchen, wo es dafür eigentlich keine Begründung gibt.[263] Leider macht sich eine nicht unbeträchtliche Zahl an Menschen gar nicht die Mühe, dahinter zu kommen, nachzudenken über die Berechtigung

---

[255] https://www.amazon.de/Politik-aufgrund-durch-Wissenschaft-ermittelten-ebook/dp/B076TJG916#reader_B076TJG916 Adalbert Rabvich

[256] https://www.eike-klima-energie.eu/2019/04/29/abkuehlung-der-hysterie-bzgl-globaler-erwaermung/

[257] www.eike-klima-energie.eu/2019/05/17/klimawissenschaft-verletzt-die-grundlagen-der-wissenschaft/ [Übersetzung von] https://www.cfact.org/2019/05/10/climate-alarmists-fear-debating-flimsy-science-claims/

[258] https://www.achgut.com/artikel/wann_wird_den_klima_alarmisten_der_stecker_gezogen W.Meins https://www.eike-klima-energie.eu/2018/12/19/wann-wird-den-klima-alarmisten-der-stecker-gezogen/ https://linkezeitung.de/2019/08/14/die-politisierung-der-klimatologie-beenden/ https://fr.wikipedia.org/wiki/Pascal_Acot https://linkezeitung.de/2019/08/17/wissenschaftler-vs-klimakatastrophismus https://aufruhrgebiet.de/2019/08/wissenschaftler-vs-klimakatastrophismus/#more-1222 https://aufruhrgebiet.de/2019/08/wissenschaftler-vs-klimakatastrophismus/#more-1222

[259] https://de.wikipedia.org/wiki/Deutsches_Klima-Konsortium ohne Nachweis der Finanzieruingen

[260] https://www.deutsches-klima-konsortium.de/fileadmin/user_upload/pdfs/ Publikationen_DKK/ 2018_Geschaeftsbericht.pdf Arbeitet auch als fremdfianzierten Projekten, IPCC-orientieert

[261] https://www.mpg.de/786260/mpf_2010_1.pdf Christian Meier, S. 17 bis 23

[262] https://tinyurl.com/y2dwrdsm

[263] https://de.wikipedia.org/wiki/Dummheit_2._Art

einer von anderen gemachten Klassifizierung, von definierten Projekt-Finanzierungen und Folgerungen daraus. Niemand möchte moralisch oder überhaupt abwertend belehrt werden. Jedermann wird heute darauf getrimmt, sich im Existenzkampf zu optimieren, dazu gehört das Image. Und: alles muss sich rechnen lassen; das Nutzen-Kostenverhältnis muss stimmen. Die Rücksichtslosigkeit wurde zum **ökonomischen Prinzip**. Einige Lehren folgen damit:

Wer nicht mitkommt, ist selbst schuld, er kann es ja ändern. Der Egoismus kennt wenig Mitleid, er kennt nur den **Erfolg**. Derjenige, der Angst hat, seinen Job zu verlieren, zählt nicht in dieser realen Welt des „Neoliberalismus". Menschen, die die **Ungerechtigkeiten** sehen, wie ein missratener Manager für sein Fehlverhalten noch belohnt wird, ist als Vorbild fatal. Parlamentarier, die ihre Mitstreiter der anderen Seite massiv herabwürdigen, stellen sich außerhalb der Gesellschaft mit Kulturniveau. Im anonymen Netzwerk (Internet) kennt man keinen Respekt mehr. Das ist **gesellschaftliche Verwahrlosung**, insbesondere dadurch gekennzeichnet, dass diese „Botschafter" sogar noch als Teilnehmer der Gesellschaft gezählt werden.[264]

Wenn die Einsicht fehlt, ist eine Klarnamenpflicht sinnlos. Der Ton im Netz - er ist tatsächlich ein großes und drängendes Problem. Leider keines, das so simpel zu lösen wäre, weder technisch noch gesellschaftlich. Sozialen Medien wie Netzwerke und Foren scheinen bei bestimmten Menschen den dünnen Firnis der Zivilisation abplatzen zu lassen, unabhängig von der Anonymität.[265]

Vom Probieren zum methodischen Vorgehen beim Lösen von Problemen

Im Allgemeinen besteht das Handeln des Menschen aus **Routinedenken**, bei dem man mit bisherigem Wissen auskommt, und gesonderten Überlegungen im Einzelfall. Als Gegensatz stellt man das kreative und innovative Denken hin.[266] Man denkt darüber hinaus, Manche Lehrkräfte an den Hochschulen behaupten, man könne das **kreative Denken** lernen, Aber Brainstormings (loses Assoziieren von Ideen) offenbaren nur die unterschiedlichen Veranlagen in dieser Richtung, wirklich Neues (patentfähig) zu produzieren. Durch **kritisches Denken** können neue Sichtweisen, z.B. auf die Migrationspolitik als Beginn einer Völkerwanderung geöffnet, historische Zusammenhänge neu vergleichend interpretiert werden. Auf jeden Fall ist für das Denken fruchtbar, wenn man sich vom Althergebrachten, von eingeschliffenen Denk-Pfaden trennen kann und frei ist für ungewohntes Denken.

Der Mensch hat von Natur her das Verlangen zu spielen, heutzutage um etwa die Muße-Zeit zu vertreiben, und zu probieren, etwa um durch Ausprobieren verschiedener Handlungs-Varianten ein bestimmtes Ziel zu erreichen, wobei er sich die Erfolg versprechende Methode merkt und im ähnlichen Fall diese einsetzt, ggf. wiederholt. Beim Kind muss dieses erlernende Vorgehen gefestigt werden, damit es das Erlernte immer wieder rational einsetzen kann.[267]

---

[264] https://www.nachsdenkseiten.de/?p=46984
https://de.wikipedia.org/wiki/Anonymit%C3%A4t_im_Internet
   https://www.intraworlds.de/die-krux-mit-der-anonymitaet-im-netz/
[265] https://www.faz.net/aktuell/feuilleton/medien/klarnamen-im-netz-keine-anonymitaet-ist-auch-keine-loesung-13381486-p2.html
[266] Schlick, Gerhard H. Innovationen von A-Z. Expert-Verlag. 1998, ISBN-3-8169-1130-7 S. 93, Abb. 15
[267] https://www.kindererziehung.com/Paedagogik/Psychologie/Lerntheorien/Lernen-durch-Versuch-und-Irrtum.php

Diese Methodik zieht sich durch die ganze Menschheitsgeschichte als **Prinzip von Versuch und Irrtum** hin und wird später wissenschaftlich durch eine Falsifikation[268] weiter ausgebaut, d.h. eine Aussage muss sich durch **Prüfung** als widerspruchsfrei und unwiderlegbar herausstellen. Also müssen logische Aussagen falsifizierbar, auf Widerlegbarkeit geprüft sein, während bei der Verifizierung durch Wahrheitsprüfung der Nachweis dafür erbracht werden muss. Die Prüfung ist dabei so gut, wie das Verfahren beherrscht wird und die Zusammenhänge erkannt worden sind, was deutlich wird bei der **Verwendung von Modellen** in ihrer Realitäts-Abbildung. Ein Herumprobieren, Herantasten an das Problem und zufälliges Finden ist dieser Methodik wesensfremd.[269] Es fehlt ihr die Systematik, tatsächlich aus Fehlern zu lernen, Kritik zuzulassen. Beim systematischen Probieren wird jeder Wert etc. untersucht, beim eingegrenzten nur bestimmte (ausgewählte) Werte., im speziellen Fall zielgerichtet.[270]

Aus der Anthropologie-Forschung wissen wir, dass schon unsere tierischen Vorfahren anfingen, nicht nur zu probieren, um vielleicht etwas zu entdecken, sondern dabei sorgfältig abwägen, ob sie mit einem „Werkzeug" das Ziel tatsächlich erreichen konnten, um z.B. an Futter zu gelangen oder einfach nur „besser". Auch zeigen sie bereits die Fähigkeit, sich etwas zu merken und dazu zu vergleichen, etwas „einzusehen" und zu **lernen.** Wie die Evolution hier wirkte, ist noch nicht restlos erforscht, aber wir können davon ausgehen, dass das menschliche Verhalten im **Verstehen** von wahrnehmbaren Vorgängen sich anfänglich nur auf einfache und klare Verhältnisse bezog. Für sie waren die Dinge unserer Welt (einfach) da und es bedurfte keiner Fragen nach dem Warum. Die Himmelskörper konnten ohne Scheu personifiziert werden, es gab eine Gesamt-Ordnung (Mythos).[271] Wenn wir eine solch „göttliche" Lebensanordnung nicht (mehr) anerkennen, dann muss eine andere gesucht werden, z.B. in spekulativ gewonnenen **Modellen**[272], die wir mit unseren Vorstellungen wissenschaftlich methodisch zu für uns brauchbarem[273] vervollkommnen, so langsam den entsprechenden Erfahrungsschatz vermehrend.

Um Modelle aufzustellen, bedarf es der Fähigkeit zur Abstraktion, nach Skelettieren der Realität z.B.in Formen, in Funktionen. Und wichtig dabei ist Überschaubarkeit, Einfachheit und Befreiung von menschlicher Individualität, denn man weiß um die **Verschiedenheit der Veranlagungen** bei den Individuen: nicht jedermann ist gleich fähig, zu abstrahieren, sich aus seiner Vorstellungswelt heraus zu bewegen, zu versachlichen, zu objektivieren.

Die allgemeine Schuldbildung soll ein Mindestmaß menschlicher Kompetenzen erzeugen, aber über die Mindestforderungen und das dauerhafte Erreichen ist man sich im Unklaren, es sei denn, man wolle sich wenigstens aus dem Blickwinkel *ökonomischer Verwertungslogik befreien.. Ob sich die Vorstellung einer konsequenten Zurückweisung dieses Gedankens durchsetzen kann, hängt nicht zuletzt vom **kritischen Bewusstsein** einer aufgeklärten Bevölke-*

---

[268] https://de.wikipedia.org/wiki/Falsifikationismus#%C3%9Cberblick
[269] http://www.wirtschaftslexikon24.com/e/trial-and-error-methode/trial-and-error-methode.htm
    https://www.therapeutenfinder.com/news/100222-was-wir-von-der-evolution-lernen-koennen--das-trial-and-error-prinzip-fuer-management-und-alltag-nutzen.html
    https://eldorado.tu-dortmund.de/bitstream/2003/36647/1/BzMU-2017-SOEHLING-1.pdf
[270] https://eldorado.tu-dortmund.de/bitstream/2003/36647/1/BzMU-2017-SOEHLING-1.pdf S. 914
[271] https://tinyurl.com/yy7tct8r   Ernst Cassirer Vorlesungstext Philosophie HU Berlin
[272] https://tinyurl.com/y6bektq7
[273] Z.B. durch Validierung o.a.

*rung ab – von der **Fähigkeit und dem Willen**, sich seines eigenen Verstandes zu bedienen, mithin: von Bildung.*[274]

Man muss sich beispielsweise fragen, ob es genügt, mit einem Minimum an deutschem Wortschatz in Berufe zu gehen, wo mehr nötig ist? Welche Schulabgänger sind in der Lage oder willens, die auf ihn eindringenden Informationen kritisch zu durchforsten und zu bewerten? Da es doch viel leichter ist, seine eigene Meinung bestätigt zu finden als sich zu Zweifeln oder Überlegungen veranlasst zu sehen.[275] Und warum sollte man sich einem Selbsttest auf diese Kritik-Fähigkeit und dazu hinreichendes Trainiertsein unterziehen?[276] Nicht wenige Branchen sind sogar froh, dass es unkritische Menschen gibt. Journalisten begnügen sich oft ihrer verbalen Einschätzung und sind nicht darauf aus, die Kritikfähigkeit ihrer Leser zu fördern, sich den Forderungen auf kritische Prüfung ihrer Berichterstattung und ihrer Aussagen zu unterziehen. Journalisten wie Blogger sind von ihrer Arbeits-Qualität überzeugt, eine objektive Beurteilung ist nicht bekannt.[277] Eine verbindliche **Qualitätskontrolle** gibt es nicht.[278]

Weil man annimmt, dass es Individuen gibt, die in der Erkenntnisfähigkeit über das Normalmaß hinausgehen, weshalb man sie Experten nennt, versucht man durch eine Befragung von diesen, wo sie nicht miteinander in Kontakt stehen, herauszufinden ob die Kombination der verschiedenen Antworten – womöglich aus unterschiedlichen Fachrichtungen - mehr Zukunftswissen über die Einschätzungen verschiedener ermitteln kann, Es ist jedoch klar, dass allein die Fragestellung übernormales Wissen verlangt, aber noch mehr die Kombination zu einer abschließenden Prognose-Antwort.[279] In der Tendenz geht es auch um eine Verantwortungsverteilung von Entscheidungen. Ob politische Entscheidungen damit besser kontrolliert werden können, bleibt offen.[280]

Für die Menschheit ist es wesentlich, dass geistig besonders hochbegabte existieren und wirken können und man sie achtet, nicht als Abweichler der allgemeinen Geistes- und Kulturrichtung brandmarkt, ohne deren neue Gedanken als Wert untersucht, erkannt und geprüft zu haben.[281]

Autorität lässt sich delegieren, Verantwortung nicht.

[274]   https://www.goethe.de/ins/sg/de/kul/mag/20365596.html
[275]   https://www.wissensdialoge.de/was_ist_kritisches_denken/
[276]   https://www.plakos.de/kritisches-denken/
         https://www.criticalthinking.org/files/german_concepts_tools.pdf
[277]   https://www.dfjv.de/documents/10180/178294/DFJV_Studie_Das_Selbstverstaendnis_von_Themen
         bloggern.pdf

[278]   https://tinyurl.com/y6ds86os LG Berlin, Urteil 28.08.2018 AZ 27 O 12/17
[279]   https://de.wikipedia.org/wiki/Delphi-Methode
[280]   https://www.bundestag.de/resource/blob/410102/5aad8101a5c22db660773970ef77ffae/WD-8-006-14-
         pdf-data.pdf   S. 13
[281]   Adalbert Rabich. Die Problematik offener Probleme. 2014 ISBN3656570299 S.5

Die Notwendigkeit des „freien" Denkens.

Die Fähigkeit, sich ein wahres Bild von den Dingen und Geschehnissen in dieser Welt zu machen, ist begrenzt, weshalb das Individuum das von andern erlangte Wissen – oder auch deren Meinung – zur seiner Aufklärung oder zur Vervollständigung seiner Meinung zu Hilfe nimmt. Nun ist im Lebenslauf eines Menschen am Anfang das Lernen in Schulen der Normalfall, damit gelingt es dem Staat als Bildungs-Monopolist das Denken und Wissen so zu beeinflussen, dass er später keine Denk-Gegner vor sich hat, denn er ist mannigfach von der Zustimmung der Massen abhängig. Wir kennen in Deutschland infolge der Diktaturen zur Genüge diese Methodik, das staatskritische Denken zu minimieren. Aber der Einfluss reicht weiter, so wird Ideologie indirekt zur Denkgewohnheit, man denke nur an Ökologie und Klima-Ideologie, die so mancher Lehrer mit seiner Auffassung vorbringt[282] Es wird die Ansicht von Seiten des Staates verbreitet, dass er für sozialen Ausgleich sorge, was jedoch von der Praxis nicht bestätigt wird.

Diese eklatante **Abhängigkeit der kommunizierenden Individuums** zwingt zu Gegenmaßnahmen, um möglichst zu einer wirklich eigenen Meinung zu gelangen, um nicht fremdbestimmt benutzt zu werden, beispielsweise um Verschwörungstheorien anzuhängen oder für konspirative Bewegungen eingesetzt zu werden.[283] Die Fülle der Manipulations- und Verwendungsmöglichkeiten ist groß, insbesondere im Zeitalter maschineller oder digitaler Kommunikations-Methoden, wo man keineswegs die Akteure erkennt oder ihre Methodik aufdecken kann, da sie oft die Kunst verstehen, sich zu verstecken oder sich als seriös, **unparteiisch zu tarnen.**[284] Im Hexenwahn offenbart sich einst, dass die Verdächtigung geglaubt wird und dass dieser Glaube schwer auszurotten war. In heutiger Zeit ist es der Weltuntergang und die Verursachung durch den Menschen im Klima gängige „Theorie"[285], wobei man behauptet, ihre wissenschaftliche Begründung dürfe nicht angezweifelt werden. Eine absolut unabhängige Berichterstattung gibt es hier nicht und auch keine Gewährleistung von Objektivität. Vertrauen in die Organe der Kommunikation wird gefordert, ist aber wissenschaftlich nicht gesichert.[286] Die **Glaubwürdigkeit** einer Meldung endet an der Korrektheit verfahrenstechnischer **Prüfung.**[287]

Erst wenn ein Individuum ein gewisses Selbstbewusstsein entwickelt hat, also als „Ich" denken kann. bewusst seine geistige Abhängigkeit wahrnimmt, kann es ein Freiheitsgefühl entwickeln, **eigenen Gedanken** unabhängig von kausalen Einflüssen wie fremder Informationswelten, Nachrichtenagenturen anhängen.[288] Taucht das Individuum in eine Menschenmenge unter wie bei Großveranstaltungen oder induziert durch gleiches Aufnahme-Verhalten bei Nachrichtensendungen (gleicher Inhalts-Art), dann zeigen sich **Verhaltensweisen der Mas-**

[282] https://tinyurl.com/y4prg3cq Thomas M. Froelich, Bildungsvielfalt statt Bildungseinfalt. 2015

[283] https://de.wikipedia.org/wiki/Verschw%C3%B6rungstheorie#Mythos

[284] https://de.wikipedia.org/wiki/Verschw%C3%B6rungstheorie#Mythos

[285] http://icecap.us/index.php/go/political-climate vom 24. 2. 2019 https://www.eike-klima-energie.eu/2019/03/12/die-fuenf-besten-argumente-gegen-klima-alarmismus/ [Übersetzung]-

[286] https://de.wikipedia.org/wiki/Deutsche_Presse-Agentur#Kritik

[287] https://www.ad-hoc-news.de/boerse/news/unternehmensnachrichten/frankfurt-alle-meldungen-der-finanz-nachrichtenagentur-dpa-afx-werden/59021773

[288] https://books.google.de/books/about/Freiheit_des_Denkens_Ursprung_und_Konseq.html?id=9acwrgEACAAJ&redir_esc=y ISBN 9783826056161

se.[289] So kann ein (erfundenes) Weltbild Menschen beherrschen. Giordano Bruno musste für sein ketzerisches Denken im Jahr 1600 büßen, er galt als intellektuelles Gift für die vorherrschende Lehre, das Querdenken, das Propagieren von nicht gewünschter Meinung ist ein Frevel gegenüber im Sinne der angeblich richtigen.[290] Ein Gehirnforscher sagt zur Situation heute: *Ich schätze, dass nur rund zehn Prozent der Menschen selber denken und ihr Leben in die eigene Hand nehmen. Die digitalen Medien übernehmen immer mehr eine Vordenkerfunktion.*[291] ,

Das Schreien nach Meinungsfreiheit, nach Pressefreiheit[292] wirkt seltsam, wenn es um die **Kritik an der Gleichschaltung von Meinungen** geht, wenn von Einseitigkeit die Rede ist.[293] Das Individuum hat einen natürlichen Drang, umfassend und objektiv unterrichtet zu werden, weil es eben selbst denken will, aber eine Angabe über die Ursprungsnachricht fehlt meistens. Oft ist schwer zu unterscheiden, ob ein **Journalist** seine eigene Einschätzung von Dingen wiedergibt – entsprechend seinem Informationsstand – oder ob diese Einschätzung zum Widerspruch herausfordern soll, zum eigenständigen Denken. bei sich eine eigene Meinung herstellen will. Kommentare und Leserbriefe offenbaren, dass manche einfach zustimmen, andere kritisch nachdenken, ob das Gesagte wohl richtig ist. Nachrichtensendungen in den Medien können ein probates Mittel sein, **eigenes Denken** zu üben.[294] Dazu kann aber auch ein **Buch einer Journalistin** verhelfen, das vorgibt, die Wahrheit über Russland und dessen Präsidenten zu kennen, aber *sämtliche Fakten, die nicht eindeutig gegen die russische Seite sprechen, in ihrem Buch entweder relativiert oder aber gänzlich ausspart.*[295] Man hat Gelegenheit, im relevanten Buch die **Info-Schnipsel zu suchen**, die aus unvollkommenen Wahrnehmungen, Mutmaßungen oder Interpretationen ein Bild für den Leser aufbereiten, aber deren **Wahrheitsgehalt aus eigenen sorgfältigen Recherchen** man allerdings kaum entdecken kann. Was ist an ihrem Bericht verlässliche Information? Was mag die Autorin zu einer solch fanatischen Geisteshaltung gebracht haben? Warum vermutet man bei einer humanitären Hilfe einen russischen Militär-Transport?[296] Sie wird gelobt für ihren Ukraine-Beitrag, obwohl der Namensträger des Preises (Scholl-Latour) gerade gegen Russlandhetze sprach, aber der kann das nicht mehr tadeln. Sie suggeriert Zusammenhänge durch Sprachmanipulation, eine üble Machenschaft[297], die jedoch Mühe und Denk- und Prüfarbeit kostet, sie und besonders die **Wahrheit der Journalistin** zu entdecken.

Das **folgerichtige, schlüssige Denken** basiert auf der Logikstruktur unserer gesamten Natur, die in dieser unserer Welt immanent ist. Das logische Denken ist eine auf die Person bezogene **kognitive Fähigkeit**, Zusammenhänge oder Muster bei Prozessen zu erkennen und Schlussfolgerungen zu ziehen. Dabei geht es einerseits um das deduktive Denken, also der Ab- und Herleitung sowie um das induktive Denken, also die Fähigkeit zur Herbeiführung

[289] https://de.wikipedia.org/wiki/Emergenz Sozioilogie
[290] https://tinyurl.com/y67e3trr Volker Reinhardt, 2017/2018 NZZ
[291] https://www.welt.de/wissenschaft/article15903379 Ernst Pöppel- Beatrice Wagner: Traut euch zu denken.
[292] https://www.juraforum.de/lexikon/pressefreiheit
[293] https://tinyurl.com/yxpvxx5k https://www.rubikon.news/artikel/zur-pressefreiheit-gehort-auch-die-freiheit-zur-kritik-an-der-presse
[294] http://www.ihvo.de/11504/denken-fordern/ Hanna Vock, 2013
[295] https://www.freitag.de/autoren/maennlicherlinker/die-wahrheit-der-ard-korrespondentin
[296] http://de.wikimannia.org/Golineh_Atai
[297] https://www.alterniv-report.de/2019/07/02/golineh-atai-die-wahrheit-ist-der-feind-eine-leseempfehlung/

dazu. Bei den Menschen findet man sogar in höherem Grade entwickeltes analytisches Denken z.b. als **Eignung** zur Lösung von Problemen, insbesondere solcher mit komplexen funktionalen Zusammenhängen, die unbedingt erforderlich ist für einen wissenschaftlichen und technischen Fortschritt.[298] Diese Eignung ist – wie in zahlreichen Personaleignungstests bewiesen – unter den Menschen außerordentlich unterschiedlich verteilt und offensichtlich selten anzutreffen. Die verflixte Komplexität unserer Umwelt erschwert unaufhörlich unser eigenes Denkergebnis, wenn wir etwas nicht mehr durchschauen, einer journalistischen Einschätzung folgen sollen mit dem Gefühl, dass hier vielleicht Vertrauen ungerechtfertigt ist.

Die grundsätzliche individuelle **Fähigkeit zum Denken** sagt noch nichts aus über die tatsächlich erbringbare Leistung des einzelnen Individuums und dessen Qualität seines Denkproduktes, bei Unfähigkeit ist so manchen Menschen nichts oder nur wenig erklärbar, so dass es sogar dazu kommen kann, dass die einzelne kritische Person in einer Personenmenge, einer Gemeinschaft isoliert dasteht. Da das Problem selbst schon klein oder groß, mehr oder weniger komplex usw. sein kann, unterscheiden sich die Anforderungen nicht nur an die persönliche Eignung für ein Problemlösen, z.B. im genauen Erfassen der Aufgabenstellung, sondern auch hinsichtlich der Lösungsarbeit und der Umsetzung, denn diese soll möglichst effektiv sein; man spricht davon, sie sollte von bestmöglicher Art in Zielsetzung und Ausführung sein.[299] Wenigstens sollte der Wille dazu vorhanden sein.

Das setzt voraus, dass eine Reihe von Voraussetzungen gegeben sein müssen, z.B. einer unbarmherzigen **Selbstprüfung**, frei von eigenen Emotionen und offen im Ertragen von Kritik durch andere, ein Zustand, der dann vorliegt, wenn man sich als einzig betrachtet.[300] Erst ein Gefühl der Sicherheit im Selbstbewusstsein, frei und unabhängig von Fremdeinflüssen denken und wollen zu können, soweit es die Umstände zulassen.[301] Es ist das, was die Selbstbestimmung einer Person ausmacht, wenn er zu einem realen Sachverhalt Stellung beziehen soll. Da sind jedoch Grenzen durch die menschlichen Gesellschaftsordnungen gesteckt.[302] Das notwendige **kritische Denken** ist bei sich selbst nicht unmittelbar erkennbar, man muss dies z.B. anhand von Kriterien, in genügender Distanz zu sich selbst, prüfen.[303] Das Festhalten an **Vorurteilen, an Glaubens- oder Ideologie-Sätze**[304] kann zur Gewohnheit werden und objektives Denken beeinträchtigen. Selbst der Zeitgeist mit vagem Inhalt kann zum Stolperstein werden. *Sich selbst zu relativieren ist für einen offenen Geist unentbehrlich. Es gibt keine Freiheit des Denkens, wenn man die eigenen Denkbilder nicht in Frage stellen kann.[305]*

[298] https://www.change4success.de/blog-news/analytische-kompetenz-unterschaetzte-qualifikation-zur-sicherung-der-zukunftsfaehigkeit.html

[299] https://www.knappmann.de/blog/methode-zur-effektiven-problemloesung.html

[300] https://www.huffingtonpost.de/2016/01/24/psychoanalytiker-hans-joachim-maaz-angela-merkel-_n_9064278.html https://www.compact-online.de/psychiater-diagnostiziert-merkel-habe-narzisstisches-grundproblem/ https://www.cicero.de/innenpolitik/neujahrsansprache-angela-merkel-bundeskanzlerin-cdu-migration-klimawandel-terrorbekaempfung/plus https://www.grin.com/document/316557

[301] https://www.verlag-koenigshausen-neumann.de/product_info.php/info/p8069_Freiheit-des-Denkens--Ursprung-und-Konsequenzen-.html .

[302] https://www.freitag.de/autoren/pleifel02/ueber-die-freiheit-und-was-sie-ausmacht

[303] https://www.wissensdialoge.de/was_ist_kritisches_denken/ Daniel Wessel 2011

[304] https://www.spektrum.de/lexikon/psychologie/vorurteile/16528

[305] https://voxeurop.eu/de/content/article/4038521-wo-ist-das-freie-denken-hin

Bei Richtern ist das Misstrauen in die eigenen Vorurteile berufsmäßig vorgezeichnet.[306] Schöffen sollen ihr Amt neutral, unvoreingenommen und ohne Vorurteile ausüben.[307] *Niemand sollte von sich behaupten, die Welt vollkommen vorurteilsfrei wahrzunehmen. Doch die Spannbreite der Vorurteile ist weit und reicht von eher harmlosen Verallgemeinerungen bis hin zu strafbaren Diskriminierungen.*[308] Zusätzlich verkomplizieren absichtlich eingestreute Formulierungen das Gesagte und rufen naheliegende, aber nicht folgerichtige Assoziationen hervor, worunter die Durchschaubarkeit leidet.

Deshalb ist eine wichtige Aufgabe in unserer Welt, gerade die unbewussten Denkbereiche und -grenzen, gefühlsmäßige Bewertungen, Voreingenommenheiten, Vorurteile usw. zu erkennen und ihr Wirken zu mindern, zu beseitigen, weil das Miteinander auf Kommunikation aufbaut, einer offenen und real existierenden Demokratie, wo jeder nicht nur seine eigene Meinung äußern darf, sondern wo sie auch geachtet wird.[309] Zerstörende Feinde der offenen Kommunikation sind Erzeuger von gezielten falschen Meinungsquellen und Inszenierungen von **Befangenheiten** beim Publikum, den Empfängern von Nachrichten.

Unsere **Demokratie** kennt **kein Prüforgan**, dass die Meinung als solche wertet[310], sie ist darauf eingerichtet, die in ein Partei-Schema eingeordnete Meinung als für das politische Handeln maßgebliche anzusehen, obwohl sie über ihre Mitgliederzahlen nur einen geringen Prozentsatz der Bevölkerung darstellt und sie bei Wahlen z.T. erheblichen Unwillen zu spüren bekommen. Die Bevorzugung bestimmter Parteimitglieder im Prozess der Regierungsmitbestimmung zeugt eher von einer Verflechtung innerhalb der Partei als von einer steten Qualitätssicherung.[311] Hier ist nicht zu leugnen: dass die Sucht, die Einfluss-Macht zu erlangen [312] über der „**Selbstlosigkeit", das Wohl des Volkes** real zu vertreten, steht,

Die repräsentative parlamentarische Demokratie war noch auf der nationalen Ebene geschaffen. Mit **Europa** haben wir ein übernationales Gremium. *Die neuen globalen Institutionen tun erst gar nicht so, als würden sie den Willen irgendeiner Bevölkerung repräsentieren. Politische Vereinbarungen und Unternehmensverträge werden innerhalb der Strukturen der Global Governance geschlossen und entziehen sich der Kontrolle der Nationalstaaten. Auf dieser globalen Ebene greift die repräsentative Demokratie nicht mehr, die vorgab, das Volk zum Souverän zu machen.*[313] Es gibt kein „europäisches Volk", sondern eine Bündelung nationaler Vertretungen im Parlament, dessen Einfluss im Vergleich zur Kommission und den Regierungsvertretern gesehen werden muss.[314]

---

[306] https://www.zeit.de/gesellschaft/zeitgeschehen/2015-09/strafprozess-beweis-indiz-fischer-im-recht
[307] https://www.schoeffen-bw.de/index.php/das-schoeffenamt/das-schoeffenamt
[308] https://www.lehrer-online.de/unterricht/berufsbildung/allgemeinbildung/wiso-politik/unterrichtseinheit/ue/vorurteile-die-eigene-voreingenommenheit-erkennen/
[309] https://www.charta-der-vielfalt.de/fileadmin/user_upload/Studien_Publikationen_Charta/Vielfalt_erkennen_BF.pdf
[310] https://gutvertreten.boell.de/2015/01/09/diskussion-demokratie-zukunft-ohne-parteien
[311] http://www.bpb.de/nachschlagen/lexika/pocket-politik/16450/innerparteiliche-demokratie
[312] https://link.springer.com/chapter/10.1007/978-3-531-92900-2_1 Weizsäcker, 992
[313] https://www.cicero.de/kultur/hardt-negri-die-repraesentative-demokratie-gibt-es-nicht/53752
[314] https://de.wikipedia.org/wiki/Demokratiedefizit_der_Europ%C3%A4ischen_Union
BVerfG, Urteil vom 30. Juni 2009, 2 BvE 2/08 u. a., Rn 233.

Die Gruppierungen von Denkrichtungen und das Beeinflussen.

Aus den archäologischen Zeugnissen wissen wir, dass es bereits zu früher Zeit Führungskräfte gegeben haben muss, denn die die erstellten großen Werke/Gewerke erscheinen nicht ohne eine Leitung und nicht ohne Koordination durchführbar, es waren mehrere Menschen beteiligt.[315] Dabei muss es sich um einen Beeinflussungsprozess zwischen Führenden und Geführten handeln, in der sich die Gruppe für eine gemeinsame Aufgabe unterordnet, wobei sich im Laufe der Geschichte vermutlich sowohl die Art der Akzeptanz als auch der Führungsstil ändern konnten.[316] Kernpunkt ist das **Vertrauen** der Untergeordneten zum Führenden. Konkrete Daten darüber sind nicht bekannt, insbesondere nicht, ob die Individuen sich freiwillig zu einer solchen Gruppe begaben, also ihre persönliche Freiheit opferten und dies auch so empfanden. Die ersten hierarchischen Strukturen dürften Priester aufgebaut haben.[317] Man glaubte an ihre besondere Macht, ja das Wundervollbringen etc.[318] Bei militärischen Vorhaben der Herrscher hatte der Untertan ein besonderes Verhältnis zur Staatsgewalt und zu den ihm auferlegten Pflichten, deren Erfüllung notfalls mit Gewalt erzwungen wurde.[319] Die Machtausübung rechtfertigte vieles, aber schuf auch Spannungen.

Die meisten **Organisationen** sind durch **Abhängigkeit** gekennzeichnet. Je länger sich das Individuum in dieser aufhalten muss, desto weniger kritisch betrachtet er diese, gewöhnlicherweise sogar als befriedigend. Ein Widerstand gegen die Unfreiheit, die ein ursprünglich „freier" Bauer erleiden muss, wenn sein Leben im Wesentlichen von anderer Seite bestimmt wird, ist da verständlich, jedoch müssen im Laufe der Geschichte immer mehr Individuen die Mittel für ihre Existenz abhängig „verdienen", sich in eine oder die Gruppe einpassen und sich mit ihr identifizieren.[320] Die Ideale eines gänzlich **freien Individuums** sind oft schon deshalb nicht umsetzbar, wenn sie das Abhängigkeitsverhältnis zuwider laufen, so darf man beispielsweise seine eigene (persönliche) Meinung haben, solange diese im politisch genehmigten Rahmen bleibt. Auch in Wirtschafts-Unternehmen werden Hierarchien und Beziehungsstrukturen herausgebildet, die sich mehr oder weniger verfestigen und kaum **neue Ideen** zulassen. Die Vorstellung, Meetings könnten hier eine Ersatzfunktionen herstellen, stellte sich als trügerisch heraus, als man deren Effizienz analysierte. Die Hierarchie kann nur dann innovationsfreundlich sein, wenn sie die Personen nach ihrer **Kreativität** einschätzt und die Organisation darauf eingerichtet wird.[321] Jede Gruppe hat da ihre eigene Leistungsfähigkeit.

Unsere von Wirtschaftserfolg geprägte Kultur erwartet Wachstumsvisionen, die erfahrungsgemäß nur von wenigen **Persönlichkeiten** erbracht werden, selbst in einer Gruppe zeichnen sich solche aus, mehr jedoch noch bei den Führungskräften (leadership), Mannschaften so zusammen zu stellen, dass sie sich gegenseitig motivieren, was eine Kunst ist, besonders, wenn es zu einem Gruppenbewußtsein mit freien Denkmöglichkeiten kommen soll.[322] In einem Unternehmen soll immer ein Ziel erfolgreich erreicht werden. Bei einer **Volksbewegung** ist die

[315] https://de.wikipedia.org/wiki/Mechanismus_von_Antikythera
[316]   https://www.grin.com/document/349768 2015
[317] https://de.wikipedia.org/wiki/Hierarchie
[318] https://tinyurl.com/y3v7ofnz Randolph Charles Darwin. Die Entwicklung des Priestertums. 1929
[319] https://tinyurl.com/y3sn9g28 J.G. Hoffmann, 1842 Verhältnis Staatsgewalt zu den Untergebenen
[320] https://tinyurl.com/y5k84edp   J-G- March, Organisation und Individuum. Springer. -2013
[321] https://www.leadership-insiders.de/hierarchie-contra-innovation-wege-zu-einem-new-work/
[322] https://intrinsify.de/future-leadership-to-go/ https://www.springer.com/de/book/9783658026721

Triebkraft oft ein Auflehnen gegen herrschende Zustände, z.B. im 19. Jahrhundert in Leipzig gegen die Verwahrlosung der Sittlichkeit.[323] Hier finden sich gleichgesinnte Willige und bilden eine Gruppe. Unwillkürlich fragt man sich allerdings, wer dann verantwortlich ist und ob alles überdacht wird und ist. Eine **Bewegung auf der Straße** erregt Aufsehen, aber wer setzt die als zu ändernde Gegebenheiten ins positive um? Besteht eigentlich in der Demokratie ein begründeter Anlass, auf die Straße zu gehen? Offensichtlich wohl dann, wie die Teilnehmer bekunden[324], wenn ihr Anliegen in der Presse und bei den Parteien nicht gut aufgehoben ist, wenn diese die Bewegung absichtlich missverstehen.[325] Bei den (nicht selbständig organisierten) **Klimademonstrationen**, wo vornehmlich die Jugend wegen ihrer Angst, dass ihr Dasein schon bald ernsthaft gefährdet ist, auf die Straße geht, basiert das Mitmachen auf idealisierten Motiven, aber ohne Besitz eines Wissens um den Stand der Wissenschaft, eben nur in dem **Glauben,** unabhängig und richtig zu handeln.[326]

Das Erstaunliche und Tragische in diesem Beispiels-Fall ist, dass die Demos von interessierter Seite missbraucht werden; was die Unwissenden nicht zu merken scheinen. Merkwürdigerweise helfen in der notwendigen dringenden Aufklärung nicht einmal Experten.[327] Dabei sollte seit 1979 eine neue Organisation (Weltklimarat) wissenschaftlich begründete Klarheit schaffen, was mit dem Weltklima los ist, aber bisher erkundet man hauptsächlich mit Modell-Vorstellungen. Ist Panik angebracht, wenn man nüchtern die Messdaten anschaut? Manche vermeintlich gute Sache stellt sich dann als absichtliche Mache heraus.[328] Dabei besteht in Deutschland Erfahrung mit solcher Einbläu-Methodik in **Denkschablonen**[329] und aus dieser Erkenntnis empfiehlt sich eine erhöht prüfende Wachsamkeit.

Jedes menschliche Individuum hat ein **Instrument,** mit dem es **denken** kann und zwar mit Hilfe besonderer Strategien, die man auch als Werkzeuge ansehen kann.[330] Bekannt ist das Prinzip der **Analogien**, man führt neues auf bekanntes zurück, das Paritätsprinzip, man teilt das geistige Gut einer Gruppe, Klasse usw. zu, von der man etwas weiß, man sucht das Gegenteil, so dass das Gesagte einsichtig als falsch erkannt wird, z.B. dass das Gesagte nur einmal falsch sein kann. Zwar hat jedes Individuum grundsätzlich die Fähigkeit zu denken, aber nicht jeder kann seine Werkzeuge in gleicher Weise nutzen, aber immerhin ist es möglich, dass mindestens Teile der Gedankengänge bei anderen ebenso bestehen, es sich also **Gruppen derartigen Denkens** zusammentun, eine geistige Bewegung, z.B. eine Protestbewegung zu ihrer Meinung nach herrschenden politischen Missständen bilden, die umso wirksamer ist, je klarer und einfacher das relevante dargestellt wird. In den letzten Jahrzehnten gab es meh-

[323] https://tinyurl.com/yylsul3h Friedrich Weidemann. Bericht über die neuesten Volksbewegungen. 1830
[324] http://www.transcript-verlag.de/978-3-8376-3192-0/pegida/
[325] https://www.handelsblatt.com/politik/deutschland/pegida-demonstration-
[326] https://www.klimademo.ch/ *Wir haben ein Recht auf Zukunft*
https://www.eike-klima-energie.eu/2019/06/20/was-co2-tatsaechlich-bewirkt-fakten-aus-dem-lehrbuch-der-physik/
[327] https://www.eike-klima-energie.eu/2019/06/21/prof-harald-lesch-der-oeffentliche-appell-eines-youtubers/ Appell an Prof. Harald Lesch von Hagen Grell, 21.06.2019 , siehe auch:
http://www.ungeheuerliches.de/category/hagen-grell/
https://www.youtube.com/watch?v=UL_xs_0xE0M
[328] https://www.achgut.com/artikel/die_katastrophen_fluesterer https://www.eike-klima-energie.eu/2019/05/10/eine-story-der-manipulation-von-co2-daten/
https://wattsupwiththat.com/2019/05/01/a-story-of-co2-data-manipulation/
[329] https://www.bpb.de/politik/grundfragen/sprache-und-politik/42752/sprache-zur-ns-zeit?p=all
https://kungfutius.wordpress.com/2011/01/17/raumzigeuner-grundsaetzliche-betrachtungen-10381058/
[330] https://tinyurl.com/y6skos5q Chr. Hesse, Einmaleins des klaren Denkens. C.H. Beck, 2009

rere solcher Bevölkerungsinitiativen wie z.B. die gegen die Wiederbewaffnung, gegen den Vietnamkrieg, gegen die Installation unsicherer Kernreaktoren, usw. Aber wir finden bereits in früher geschichtlicher Zeit solche als Sekten, als Häuflein von Aufrechten, als Revolutionäre u.a. Auch Terroristen bilden Gruppen, die nach dem Verfassungsschutz ihre politischen Ziele auch gewaltsam durchzusetzen bereit sind.

Wenn man einen anderen zur Änderung seiner Denkrichtung, seiner Meinung oder viele bzw. alle auf eine einheitliche Denk- oder Glaubens-Richtung bringen will, so gibt es ein mächtiges Instrument in unserer gegenwärtigen Kultur: die **Propaganda.**[331] Schon die religiös motivierte Mission im Altertum ist eine organisierte Methode der Ausbreitung einer Religion oder anders ausgedrückt, das Bewusstsein und Denken von Menschen in eine beabsichtigte Richtung zu bringen, z.B. zum christlichen Glauben zu „bekehren".[332] Gezielte Werbung für Produkte und Dienstleistungen ist mehr ein psychisches Wecken von Kauflust, bei der Propaganda gehst es weiter, nämlich das Ziel ist, den ganzheitlichen Menschen im Verhalten im definierten Sinne zu beeinflussen. Dass die erfolgreiche Praxis zu jeder Zeit von der Situation abhängt, ist verständlich. Die Propaganda im letzten Jahrhundert hat besondere Formen angenommen, sie reicht bis zur systematischen Umerziehung nach dem Weltkrieg und zu modernen **psychologisch** ausgefuchsten **Kampagnen**[333] mit Fake News (Lügen). Gräueltaten als menschliches Unrecht usw.

Im Zeitalter der digitalen Medien, der Verbreitung über das Internet ist es möglich, die Wünsche der Bevölkerung - oder derjenigen, die im Sozialen Netz tätig sind – statistisch über sogenannte Petitionen nach der Häufigkeit der Interessen auszuwerten und für eine Aktion (Kampagne) in der Politik einzusetzen.[334] Das denkende Individuum setzt seine Überlegungen oder **Kritik** aktiv in Kommentare zu Presse- oder Fernsehsendungen oder in Äußerungen im Netzwerk um und hofft, durch seinen argumentativen Beitrag die öffentliche Meinungsbildung zu fördern. Das ruft bei Ideologen Missmut hervor, sie nennen z.B. Zweifler an der übermächtigen menschengemachten Klimakrise einfach *Leugner und Scheindebattierer.*[335] Die Politik- Kritiker im Netzwerk haben wenig Chancen, Einfluss auszuüben – außerhalb ihrer Anhänger, es sind einfach Minderheiten[336] mit wenig Anklang, insbesondere wenn sie gründliche Denkprozesse und persönliches Engagement erfordern, Die Medien erleichtern eine Nachprüfung nicht, weil sie ihre Quellen nicht einmal in Zitaten preisgeben. Stattdessen bezeichnen sie Kritiker als bösartige Attacker.[337]

Die Voraussetzung repräsentativer Demokratie ist die jedem Bürger zugängliche Information, möglichst wahr und umfassend. So müsste die **Bundespressekonferenz** ein Vorbild für einwandfreie Informationsvermittlung sein. Die Realität der Konferenzen offenbart aber ein oft

---

[331] https://www.degruyter.com/downloadpdf/books/9783839408834/9783839408834-003/9783839408834-003.pdf https://content-select.com/de/portal/media/view/56d42321-6c0c-44d6-a6f1-6642b0dd2d03 https://dx.doi.org/10.14361/9783839408834 Dissertation Universität Köln 2007
[332] https://goedoc.uni-goettingen.de/bitstream/handle/1/6126/reinbold.pdf?sequence=4&isAllowed=y
[333] Auch psychologische Kriegsführung genannt.
[334] https://www.graswurzel.net/gwr/2011/09/ihr-werdet-s-nicht-vermuten-avaaz-sind-nicht-die-guten/
[335] https://www.tagesspiegel.de/themen/agenda/rechtspopulisten-das-netzwerk-der-klimaleugner/24038640.html Grüne im Umweltausschuss zur Sachverständigen-Anhörung.
[336] https://www.bpb.de/nachschlagen/zahlen-und-fakten/globalisierung/52525/globalisierungskritik https://kritisches-netzwerk.de/ https://propagandaschau.wordpress.com/ https://www.psiram.com/
[337] https://www.faz.net/aktuell/feuilleton/medien/journalismus-unter-verdacht-vom-wachsenden-populaeren-misstrauen-gegenueber-der-presse-13242833-p2.html https://thesaurus.yourdictionary.com/attacker https://synonyme.woxikon.de/synonyme/attacke.php

nüchternes Bild von Zurückhaltung, ein typisches Zeichen, dass man nicht alles sagen darf. Die Verbalakrobatik der Regierungs-sprecher auf Fragen lässt erkennen, worin sie künstlerisch tätig sind.[338] Das hat mit Qualitätsjournalismus nichts zu tun; wir brauchen keine Verschnörkelung und Unklarheiten bei der Beantwortung, denn die bringen uns nicht weiter. Aber so mancher Journalist schwadroniert über etwas, wo er selbst über keine fundierte Rechercheergebnisse verfügt.[339] Es ist bedauerlich, dass offensichtlich keine ausreichende Kontrolle stattfindet, manche Redaktion lässt Äußerungen zu, denen es an Basis-Daten mangelt, die Programmbeschwerden auslösen..[340]

Man begnügt sich in den Medien nicht damit, dass man die Informationsbasis deformiert, sondern man baut sogar Feindbilder auf – und der Bürger soll da einfach folgen. Es ist natürlich, dass so manches den Bürgern nicht passt, was ist das für eine Demokratie?[341] Es kommt eine (momentane) **Bewegung der Massen** zustande, aber kein zielgerichtetes Streben in Stetig- und Beharrlichkeit; aus den Leserbriefen, Kommentaren, Netzwerkbeiträgen usw. kann man allerdings auf die Urheber, die Schreiberlinge z.B. deren Sensibilität in Einzelfragen zurückschließen. Der größte Teil denkt nicht weiter nach, ja er beharrt auf seiner Meinung auch bei Entgegenhaltungen, Andererseits öffnen solche Methoden Manipulations-Organisatoren ihre Tore, eine wegen des Fehlens ausreichenden Prüfens und Nachdenkens beim Individuum eine kulturell gefährliche Angelegenheit.[342] Spontane Demonstrationen haben ähnlichen Charakter, meist stecken Organisatoren dahinter, die ihre Ziele in einen Massencharakter umfunktionieren.

Es ist heute nicht ungewöhnlich, wenn **Methoden der politischen Propaganda** auch bei den Medien Einzug gehalten haben – und damit der Mensch bei seinem Bedürfnis nach Befriedigung durch Informiertheit ausgenutzt wird, wenn Texte und Bilder manipuliert werden, möglichst einfach und wiederholend gebracht, um eine auf die angesprochene Publikum bestimmte Wirkung – vielleicht über das Unterbewusstsein oder durch bloße gefühlsmäßige Assoziation mit Bekanntem - entfalten zu können.[343] Meist ist gegen diese Fremdeinwirkung kein innerer Abwehrmechanismus ausgebildet. Durch die Erfahrungen mit Diktaturen ist lediglich eine gewisse Sensibilisierung gegenüber Propagandabotschaften eingetreten; man möchte nicht bevormundet werden.[344] Daran, dass der Mensch entwürdigt wird, scheint niemand zu merken oder gar davon abzulassen. Wozu müssen alle Menschen in Europa als dem Hort von Frieden, Demokratie, vom Wohlstand und sozialer Gerechtigkeit durch Überflutung mit Aufrufen überzeugt werden, soll das etwa überdecken, dass die Sparer enteignet wurden, ein riesiger Bürokratie-Monster Sinnbild der (europäischen) Kommission ist? Bedenklich ist, wenn durch Propaganda eine **öffentliche Meinung** induziert wird, die bis in das Rechtssystem wirkt, und wenn die Sprache nicht allgemeinverständlich ist.[345]

[338] https://deutsch.rt.com/meinung/89507-dysfunktion-macht-um-acht-bundespressekonferenz/
https://publikumskonferenz.de/blog/
[339] www.0815-info.com/News-Doktor-Gniffkes-Macht-um-acht-item-12112.html
[340] https://www.medienanalyse-international.de/braeutigam.html https://www.rubikon.news/artikel/das-medienversagen
[341] https://shop.papyrossa.de/Mueller/Braeutigam/Klinkhammer-Zwischen-Feindbild-und-Wetterbereich
[342] https://www.politaia.org/wer-und-was-steckt-hinter-avaaz/ https://www.nachdenkseiten.de/?p=35284
[343] https://de.wikipedia.org/wiki/Propaganda Hier Zitat 56 (Uwe Krüger, Meinungsmacht), 2014
[344] https://www.bpb.de/apuz/30602/psychologie-der-propaganda?p=all
[345] https://ids-pub.bsz-bw.de/frontdoor/deliver/index/docId/2286/file/
Bergsdorf_%c3%9cber_die_Schwierigkeiten_des_politischen_Sprechens_1985.pdf

Bedenklich ist insbesondere, dass das Denken durch ständige **Medienbeeinflussung** zu „verkrampften" persönlichen Einstellungen führen und durch das Gefühl, andere seien gleicher „Meinung" sogar noch verhärtet werden kann.[346] Wegen der Beeinflussbarkeit breiter Bevölkerungskreise ist schon eine **nicht objektive Berichterstattung** bedenklich wie beispielsweise das Mitgefühl beanspruchende Schicksal von Asylsuchenden[347], wobei die Folgen verdrängt werden, oder von Entlassungen von Arbeitenden und Angestellten.[348] Können Medien überhaupt (absolut) objektiv sein, wenn ihr kommerzieller Umsatz davon abhängt und außerdem vielerlei Entscheidungen für die Gestaltung der Nachricht beachtet werden müssen?[349] Kann der berichtende oder die Lage einschätzende Journalist vor Ort überhaupt objektiv sein, wenn er nur einen Teil des Geschehens erfasst und seinen vorgegebenen Leitauftrag erfüllen soll? Wenn die Leser oder Zuschauer in nicht zu kleiner Zahl den Eindruck nicht loswerden, dass den Medien oder Journalisten die Objektivität egal ist, dann ist etwas nicht in Ordnung in dieser unserer Welt. Konzertierte Kampagnen zeugen von **Kulturverfall**, vom Verwahrlosen moralischer Anständigkeit der Individuen, insbesondere wegen Fehlens einer entsprechenden Kontrollfunktion, die das Einschleusens und Aufpfropfen fremder und verfälschender geistiger Tendenzen in den Kultur- und Kommunikationseinrichtungen, z.B. durch Eliten[350] verhindert. Manche Politiker lassen sich sogar als Vervielfältiger von Schmalspurdenken benutzen, sichtbar in den sozialen Medien/Netzwerken.

Nachrichten in sozialen Netzwerken können tausendfach geteilt und geliked werden. Als *gezielte Falsch- und Desinformationen verbreiten sie sich in Windeseile und können nach ihrer Veröffentlichung kaum eingefangen werden. Bislang hat sich die Politik allein auf die Massenmedien verlassen und damit auf eine Kommunikation, die nur eine Richtung kennt. Das muss sich nun ändern.*[351] Das wird zu einem neuen Stil der Journalisten und auch zu einem vorbeugenden Zensieren, soweit da rechtlich möglich ist. Der Gleichklang zwischen politischer Mehrheitsmeinung und journalistischer Berichterstattung wird weiter sein.[352]

Es gab und gibt immer wieder Affären und Machenschaften im journalistisch-politischen Bereich, die auf Operationen mit zweifelhafter Moral und Qualität hindeuten und eigentlich im **Qualitätsjournalismus** nicht vor kommen sollen wie Manipulation von Nachrichten, denn diese haben Verantwortung, reden und schreiben nur Tacheles, sind offen und ehrlich.[353] Es wird sogar behauptet, sie decken Affären auf und säubern die Nachrichtenwelt[354], schützen den Informations-Verbraucher vor Sumpf. Es ist erstaunlich, dass immer wieder von den selbst gesteckten Zielen der **Moralität** abgewichen wird, dass man sogar Datenspeicher sich anlegt, um ggf. in die Politik mit kompromittierendem Wissen etwas ins Rollen zu bringen,

[346] https://www.znf.uni-hamburg.de/media/documents/peacebuilding/ws2015-2016/mueller-2015-10-28.pdf

[347] https://afdkompakt.de/2019/07/11/die-schleuserei-unter-missbrauch-der-seenotrettung-generell-unterbinden/ Musterbeispiel für Fahren unter falscher Flagge

[348] https://tinyurl.com/y3a46swm   https://tinyurl.com/y26vpl3h

[349] https://www.heise.de/tp/features/Weil-Journalismus-nicht-objektiv-sein-kann-4012238.html?seite=all

[350] https://www.freitag.de/autoren/sigismundruestig/ 2018
https://www.bpb.de/de/gesellschaft/medien-und-sport/medienpolitik/172240/meinungsbildung-und-kontrolle-der-medien?p=all

[351] https://www.zukunftsinstitut.de/artikel/die-neue-aera-der-propaganda/

[352] https://www.nachdenkseiten.de/?p=47396

[353] http://www.preiserconsorten.de/prinzipien/ https://www.freie-journalistenschule.de/ausbildung-journalist/berufsbild-journalist/qualitaetsjournalismus/ https://schulzki-haddouti.de/?page_id=343

[354] https://www.boell.de/de/2018/11/02/die-vierte-gewalt-demokratie-braucht-qualitaetsjournalismus

wobei man nicht darauf verzichtet, eigens dafür sogar etwas zu produzieren.[355] Mit Sauberkeit im Journalismus, Prüfungsverantwortung auf Veröffentlichung und Kulturpflege hat das nichts zu tun, zumal es das Ansehen der „Demokratie" gefährdet.

Viele Generationen war der **Kulturkreis**[356] der menschlichen Individuen eng und hauptsächlich auf sein Leben und Fortkommen ausgerichtet, mit dem Aufkommen philosophischen Gedankengutes spaltete sich eine Minderheit mit höherer Auffassung über die Weltbetrachtung und Kulturgestaltung ab. Die Organisation der Menschen machte eine Ordnung der menschlichen Gemeinschaften erforderlich, in den einzelnen Erdteilen unterschiedlich, es stellten sich verschiedene Grade der Zivilisation, des Gebrauches von Vernunft ein. Menschen im Abendland (westlicher Welt) ein, wo man der Ansicht ist, die im Sinne der dem Menschen zugewiesenen Naturstellung sei hier höher als anderswo angeordnet, andererseits greift dieser aber in die Natur stärker ein. Bisher gibt es hierzu **keine einheitliche Weltauffassung**, wenn sich auch nach den ungeheuren Zerstörungen in den letzten Weltkriegen eine Angleichung abzeichnet.[357] Zwar lassen die Verkehrsmittel der Neuzeit den Denkhorizont der einzelnen Völker schrumpfen und zugleich aufweiten in Richtung auf die einer Menschheit, zuweilen die Traditionen vernachlässigend, was unweigerlich zu **Konflikten** z.B. der einzelnen Identitäten ausartet. Die **Zweckrationalität** gewinnt die Oberhand, jedoch wird diese individuell unterschiedlich interpretiert. Die sozialen und politischen Gegensätze reichen heute sogar in die **Kulturkrise** hinein, deren Überwindung zwar einiges Denken initiiert, aber konkrete Handlungen dazu scheinen fern. *Friede muss – wenn er nicht scheitern soll – in der geistigen und moralischen Solidarität der Menschheit verankert werden.*

Von der Idee zur Ideologie.

Die Grundsätze menschlicher Aufgaben und Ziele können ideeller Art, von ideellem Wert für das einzelne Individuum oder für bestimmte Individuen sein. Er richtet sich nicht nach dem Gebrauch o.a. Wenn die Individuelle Idee mit dem Anstreben von **Vollkommenheit** verknüpft wird, haben wir es begrifflich mit einem Ideal zu tun. Irgendwann muss jedes Individuum entscheiden, für welche **Ideale** er arbeiten will und lebt[358], d.h. welche von Unzulänglichkeiten befreite Ziele sollen orientierend sein. Sind es für ihn etwa im Menschlichen die **Tugenden**[359]? Ist die Demokratie ein geeignetes pragmatisches Vorbild? Wie sieht das Vaterland aus, für das jemand sterben würde? Welches ist der ideale Job und gibt es den in der Wirklichkeit? Oft zeigt sich: ohne Idealbild, einer Vorstellung von der idealen Persönlichkeit, kann man seinen eigenen Wert nicht einschätzen, man ist gewissermaßen persönlichkeitslos.[360] Auch gibt es Meinungen über **ideale Politiker**, aber wo sind diese zu finden?[361]

[355] https://www.welt.de/politik/ausland/live193881071/Strache-Video-Sebastian-Kurz-sagt-Wahlkampf-Auftritt-in-Muenchen-ab.html
[356] https://de.wikipedia.org/wiki/Kultur
[357] https://de.wikipedia.org/wiki/UNESCO   Friede in Präambel.   USA uns Israel treten aus.
[358] http://www.hoffmann-und-campe.de/buch-info/ideale-buch-2592/ Julia Friedrichs 2011
[359] https://www.wertesysteme.de/werte-glossar/tugend/
[360] https://tinyurl.com/yxpodn9r Surprise https://marion-kampmann.de/persoenlichkeitsentwicklung-tipps/
[361] http://www.kritikkultur.de/2011/02/22/der-ideale-politiker/

Manche Ideen von der Welt oder Weltentwicklungen werden zu einer Weltanschauung ausgeweitet, woraus sich fast zwangläufig die „richtigen" Lösungen für die gesellschaftlichen Probleme ergeben würden. Aus der Komplexität des Sachverhalts schneiden die **Ideologen** jeweils einige Zielsetzungen heraus, vielleicht sogar an neue Situationen anpassend. Von den Anhängern werden **politische Ideologien**[362] für das (einzig) Wahre gehalten, das durchzusetzen sei. Hier herrscht der Glaube. Demgemäß agiert man. Ideologische Vorstellungen und Verklemmungen, ein Beharren auf etwas usw. können zu einem **Grundübel in unserer Gesellschaft** werden, denn **Ideologisierte** sind oft wenig bereit, andere Begründungen für eine andere Meinung zu akzeptieren.[363] Dadurch kann es zu einer allgemeinen Abwertung von Ideologien kommen, zumal **Narrative** die Beeinflussung der Menschen verstärken können. *Politische Bewegungen kom--men nicht ohne Narrative aus, um die Massen zu mobilisieren und ihr Handeln zu rechtfertigen.*[364]

Da Macht und Herrschaft bekanntermaßen denen zufallen, die aus einer kanalisierten Ideologie eine definierte **Meinungsströmung** zu machen bereit sind, was nicht selten gelingt, weil ihnen Meinungsmacher zur Seite stehen. Ein Mainstream entsteht nicht von selbst, so werden Fernsehsendungen – insbesondere Talkshow[365] - gezielt tendenziös vorbereitet.[366] Hier ist man bereit, selbst illegal erlangte Filmaufnahmen „im öffentlichen Interesse" zu publizieren. Es macht der Veranstalterin nichts aus, wegen der voreingestellten und befangenen Haltung angeprangert zu werden.[367] *Die Freiheit des Denkens findet keinen Platz in einem Format, das Haltung durch Unterhaltung er-setzt.*[368] Fakten werden je nach Ideologie interpretiert. Wenn gewisse Themen schon in der Öffentlichkeit breitgetreten sind, kann da der Journalist dem mit seiner eigenen, vielleicht abweichenden kritischen Sicht entgegentreten, zumal, wenn ihm selbst Deutungsmuster und Denkklischees vorgegeben sind?[369]

Gerade diejenigen Ideologien, die komplexe und schwer durchschaubare Zusammenhänge im Geschehen dieser Welt vereinfachen und für viele einleuchtend aufbereiten, finden in der Masse Zulauf, wo das freie Denken und die Vernunft auch durch **Gefühle** beeinträchtigt werden. Dazu gehören Furcht und Angst, man könnte etwas versäumen, sich schuldig machen, wenn es darum geht, die Erde vor ihrem Untergang „retten". Der Weltuntergang wurde schon öfter aus den verschiedensten Ursachen angekündigt und an die Menschen appelliert, alles dem gemäße zu tun.[370] Der Gegner dieser höheren Einsicht, des besseren Verständnisse von dieser Welt, z.B. vom Klimageschehen, können mit ihren rationalen Argumentationen der Vernunft nicht mehr durchdringen, ihr fehlt **im Sinne der Ideologen** die Zukunftsperspektive,

---

[362] https://de.wikipedia.org/wiki/Politische_Ideologie
[363] https://umwelt-watchblog.de/sprache-ist-politik-sueddeutsche-zeitung-verweigert-erneut-lesermeinung/
[364] https://www.wissensdemokratie.de/praktisches/ideologien
[365] https://de.wikipedia.org/wiki/Talkshow
[366] http://www.franzmiller.at/vortrag/ce/ce_tv/2016-08-01_Puls4_Pro-und-Contra_Chemiewolken-vergiften-uns_Franz-Miller.pdf Umfangreiche Darstellung einer Sendung Klimahysterie/Verschwörung
[367] https://web.de/magazine/politik/politische-talkshows/anne-will-strache-video-joerg-meuthen-sebastian-kurz-gereizte-stimmung-oesi-talk-33748786
[368] https://www.sueddeutsche.de/medien/talkshows-der-wahre-dauergast-ist-die-belaberte-leere-1.3653681
[369] http://www.nrhz.de/flyer/beitrag.php?id=24519 Swiss Propaganda Research 24.01.2018
[370] http://www.unmoralische.de/weltuntergang.htm   https://tinyurl.com/yyah65bn

die die Propheten verkünden, ihre reale Machbarkeit aber nicht nachzuweisen haben. Das ist ihr Vorteil im Stimmenfang im Volk.[371]

Ein Phänomen an Ideologie betrifft Lohn und Gehalt für abhängige Beschäftigung, sie impliziert, dass wer im Besitz eines Arbeitsplatzes ist gesichert, weshalb das Ideal die **Vollbeschäftigung** sei, der die Arbeitslosigkeit gegenüberstehe. Als erstes werden die Statistiken nur auszugsweise dem Publikum geboten, denn sie verdecken eine Reihe von Schicksalen. Dabei geht nicht nur die ordentliche Erwerbsarbeit immer weiter zurück, sondern es wird politisch propagiert: *weniger arbeiten, damit alle arbeiten und besser leben können.* Da fehlt die realistische Perspektive, das Verteilproblem ist nur eines der vielen im „Wohlfahrtsstaat"[372], Wer ohne Arbeit ist, verliert an Image. weil Arbeit der wesentliche Träger des sozialer Beziehungsgeflechtes eines Individuums ist.[373] Durch Qualifikation bessere Chancen auf dem Markt zu erhalten, ist eingeschränkt zu sehen, denn gefragt sind Menschen, die kreativ sind und die sind von Natur aus - in der Veranlagung - selten. Der Arbeitsmarkt sortiert nach Wissen und Können, nach Bewährung im Erwerbsleben und nach Einstellung zum zuverlässigen Arbeiten.

Die Vorgehensweise beim **wissenschaftlichen Arbeiten** ist gegründet auf strenger Einhaltung kritischer, objektiver und nachvollziehbarer Grundsätze. Die Aussagen sollten klar und eindeutig sein, ein eigenständiges Bewerten muss erkennbar sein. Unabdingbar sollte sein, dass das Ergebnis als wissenschaftliche Tatsache, als **bewiesen** gelten kann.[374] Allerdings unterscheiden sich hier die Forschungsgebiete, in den Naturwissenschaften und der Technik gibt es dafür strenge Regeln für die Anerkennung. In der Volkswirtschaftslehre leitet man „Gesetzmäßigkeiten" aus den Erfahrungen ab.[375] Annahmen und Ideologische Ansätze haben in der Robustheits-Prüfung keinen Platz. Erst wenn etwas repliziert ist oder replizierbar erscheint, sind sie überhaupt akzeptabel, was "bewiesen" ist, kann auch als **wissenschaftlich belegt** betrachtet werden. Als Beispiels sei die Korrelation von Klimawandel und Extremwetter angeführt, deren Nichtexistenz nicht exakt zu beweisen sei, das offensichtliche, dass die Zahl der Extremwetter-Ereignisse steige[376], reicht offenbar nicht, wenn selbst eine korrekte Aussage immer unsicherer wird. Eine andere Veröffentlichung verweist hier darauf, dass es *global keine klaren Beweise für Trends und Verteilungen bzgl. Extremwetter wie Dürren, Hurrikanen und Überschwemmungen gibt.*[377] Was soll nun in solcher Datenlage der Durchschnittsmensch für richtig halten, welcher Bericht ist denn objektiv?

Was den gewöhnlichen Bürger aber zunächst noch mehr als das eines möglichen Weltunterganges infolge menschenerzeugten Kohlendioxids als Treibhausgas und Erwärmer bedrückt, sind die möglicherweise viel eher eintretenden **Wirtschafts- und Finanzkrisen.** wovor ebenfalls Propheten warnen. Ist der Neoliberalismus als **ideologischer Hintergrund** der sozialen

---

371 https://www.nomos-elibrary.de/10.5771/1430-6387-2014-1-2-161/populismus-eine-ideologie-der-demokratie-jahrgang-24-2014-heft-1-2

372 https://oxiblog.de/wider-die-ideologie-der-beschaeftigung/

373 Gerhard Wike, Die Zukunft unserer Arbeit. Campus. 1999, S. 16 und 23

374 https://harald-walach.de/methodenlehre-fuer-anfaenger/16-was-heisst-wissenschaftlich-bewiesen-das-replikationsproblem-in-der-forschung/

375 http://www.sgipt.org/wisms/gb/beweis/b_emp.htm Beweis in empirischen Wissenschaften 2003

376 https://www.dw.com/de/klimawandel-verursacht-extremwetter-l%C3%A4sst-sich-das-beweisen/a-43328943

377 https://www.eike-klima-energie.eu/2019/06/12/die-wissenschaftler-bewiesen-dass-klimawandel-kein-extremwetter-verursacht-also-gingen-politiker-zum-angriff-ueber/ (Übersetzung)

Marktwirtschaft gar ein Verursacher von Krisen?[378] Diese marktwirtschaftliche Ordnung sieht ein Finanzexperte durch Verluste in der Wertschätzung gefährdet, hervorgerufen durch die kurzfristig handelnde und orientierungslose Politik der EZB (Europäische Zentralbank). Diese Politik hat nicht nur die Sparer „enteignet", denn Null- und Negativzinsen verträgt das Sparziel[379] nicht, sondern auch die Erträge der Banken erodieren lässt. Hoch**risikopapiere** sind dort angesammelt und stellen ein enormes Risiko dar. Schwache Unternehmen halten sich mit Krediten aufrecht, die als Ballast die Effizienz drücken. Die Stresstests der Banken zeigen auf, was zu tun wäre, aber es wird nicht reagiert.[380] Die vier größten Banken Griechenlands haben eine Kreditsumme von 210 Mrd. Euro und 110 Mrd. Euro schlechte Kredite, aber nur 9 Mrd. Euro Eigenkapital, eine trübe Aussicht für die Kreditgeber Europas. Der Crash scheint vor der Tür zu stehen. *„Man ist frei die Realität zu ignorieren. Man ist frei, seinen Verstand von jedem Fokus zu befreien und jeden Weg blind hinab zu stolpern, den man möchte. Aber man ist nicht frei, den Abgrund zu vermeiden, den zu sehen man sich weigert."*[381]

Der aufmerksame Bürger ist verunsichert, sein **Vertrauen in die Politiker** schwindet, denn sie helfen nicht, sie scheinen dem Unheil, was mancherorts verkündet wird, nicht vorzubeugen. Sie lässt die Umverteilung zu, die kleinen sparsamen Bürger werden geschröpft, die Spekulanten des Kapitals profitieren von der Misere. Die Verknappung des verfügbaren Wohnraums treibt die Preise, die Arbeitsplätze werden weniger, der staatliche Schuldenberg wird nicht kleiner, wo soll all das hinführen? Die Europa-Politik ist intransparent, sie scheint zwar Ziel vieler Akteure zu sein, aber wo bleibt der Mensch? Unangenehme Themen werden ausgeblendet. Dafür werden – vor allem junge Menschen – aktiver in der Ideologie, obwohl diese mit den realen Möglichkeiten nicht abgeglichen wird. Die **Vision von Neuem**, phantastisch Besserem geistert herum, aber keiner von den progressiven Kräften fragt, wer das finanziert, wer die Gerechtigkeit wahrt. Das Denken in Begriffen wie Wahrheit, Wissenschaft, Sinn usw gerät in den Hintergrund, die Paradigmen der Moderne werden angezweifelt oder abgelehnt.[382]

Postmoderne[383] *und feministische (genderkonstruktivistische) Auffassungen lehnen* sogar *die Annahme einer objektiv bestehenden Realität und den Bezug auf diese Realität als letzte Prüfungsinstanz ab. Die Ausschnitte der Realität werden als* Konstrukte *aufgefasst. Doch jegliches Konstruieren muss sich an der **empirischen Realität** ausweisen. Die empirische **Nachprüfbarkeit** von Aussagen ist das entscheidende Kriterium dafür, die Grenze des sozialen Konstruierens aufzuzeigen.*[384]

Als Muster für den **Wandel von Ideologie-Inhalten** kann der Marxismus gelten, der nach dem 2. Weltkrieg eine Reihe von Ländern befiel. *Vom traditionellen Arbeiterbewegungsmarxismus bis in die Nachgeschichte der* Kritischen Theorie *findet sich ein Ideologieverständnis, dass Ideologie grundsätzlich als ein Konglomerat aus Ideen, Glaubenssätzen, Überzeugungen, Vorstellungen oder Weltanschauungen begreift.*[385] *Demgemäß ist auch **Ideologiekritik**, als Konfrontation der Ideologie mit ihrer eigenen Wahrheit, nur soweit möglich, wie*

[378] https://www.youtube.com/watch?time_continue=7&v=knXbYm8TtU4
[379] Z.B. Vorsorgekapital
[380] http://austrian-institute.org/der-draghi-crash/ https://www.gold.de/artikel/interview-dr-markus-krall/
[381] Ayn Rand https://de.wikipedia.org/wiki/Ayn_Rand radikaler Liberalismus
[382] https://www.spektrum.de/lexikon/philosophie/postmoderne-postmodernismus/1607
[383] https://www.spektrum.de/lexikon/philosophie/postmoderne-postmodernismus/1607
[384] https://www.cuncti.net/wissenschaft/529-die-angst-vor-der-objektivitaet A-Ullig, 2014
[385] https://anthropologicalmaterialism.hypotheses.org/630

jene ein rationales Element enthält, an dem die Kritik sich abarbeiten kann. Schließlich verabschiedet man sich von dieser Ideologie; sie passt nicht zur Realität. Es bleiben einige Varianten in Opposition zum Kapitalismus.

Wert von Ideologien[386]

Ideologien oder „Welt"anschauungen entstehen überall da, wo etwas nicht durchschaut wird – und je problematischer und komplexer wie z.B. mit dem Begriff „Globalisierung", dann gibt es Akteure und Gegner und Aufklärer, die unterschiedlich in ihrer Sachkritik gartet sind..

Dass das **menschliche Vermögen des Wissens begrenzt** ist, ist unbestritten, dennoch versucht der suchende Mensch ständig, sich **Gewissheit** über die Vorgänge in der Welt und im Einfluss auf sich selbst zu verschaffen, je er hat das Bestreben, trotz des Nicht-Wissens in die Zukunft zu schauen, oft mit Hilfe von **Glauben** und Idee-Vorstellungen, obwohl der Mensch im Laufe der Evolution gelernt hat, sich für das Problemlösen aus dem Zustand des Probierens, des Versuchs mit Korrektur des „Irrtums" heraus zu einer Systematik[387], zu einem methodischen Vorgehen des Erkennens vom Problem, des Verstehens herausgearbeitet hat, aber eben nicht alle Menschen gleichermaßen. Zunehmend machen die Menschen Gebrauch von einer naheliegenden Vereinfachung, Verallgemeinerung, von der Übernahme vorgegebener Denkschemata. So fallen sie der **Ideologisierung ihres Denkens und Tuns** anheim. Darin aber liegt eine ungeheure Gefahr und besonders dann, wenn eine vermutete Vorstellung ohne saubere Klärung des Sachverhalts zum Dogma erhoben wird, das sich wie von selbst in Unterrichtsinstitutionen einnistet und dort als „Wahrheit" verkündet wird, weil dort das Rüstzeug für das Erkennen von Unsicherheit nicht vorhanden ist.[388] *Eine Ideologisierung hilft uns z.B. in der äußerst komplexen* **Energiewende** *nicht nur nicht weiter*[389], sondern verklebt den Blick auf die wissenschaftlich fundierten Grundlagen, zumal manchmal für den gewöhnlichen Menschen nicht klar ist, wer von den „Wissenschaftlern" **wirklich kompetent** ist, wer in dem Fach forschend tätig war und ist.[390] Durch Gesetze und Regeln ändert man solches Verhalten nicht, hebt nicht das Niveau der Debatten, vielmehr kommt es einer Regulierung gleich auf ein erwünschte Geisteshaltung.

Greifen wir uns einen Fall aus der heutigen Realität heraus, in dem das Individuum gehindert wird, einen Vorfall logisch nachzuvollziehen. Für einen gewissenhaften Menschen ist das gesamte Denken über einen Sachverhalt mit Ungewissheit darüber belastet, ob man tatsäch-

---

[386] https://www.wissensdemokratie.de/praktisches/ideologien
[387] http://www.gitta.info/SystProbSolv/de/text/SystProbSolv.pdf 2016 https://tinyurl.com/y3hb8esx
T. Betsch, J. Funke, H, Plessner, Springer, 2011, S. 180ff.
[388] https://books.google.de/books?id=z-8oBAAAQBAJ&printsec=frontcover&hl=de#v=onepage&q&f=false
Dr. Johannes Gabriel. Der wissenschaftliche Umgang mit Zukunft. Springer-Verlag.2013
https://www.eike-klima-energie.eu/2019/03/11/der-februar-zeigt-seit-ueber-100-jahren-keine-erwaermung-seit-gut-30-jahren-wird-er-kaelter/ Josef Kowatsch
[389] https://www.wirtschaftsrat.de/wirtschaftsrat.nsf/id/eine-ideologisierung-hilft-uns-nicht-weiter-de
[390] https://www.eike-klima-energie.eu/2018/04/11/harald-leschs-klimavideo-restlos-widerlegt/
https://www.eike-klima-energie.eu/2018/08/31/alleserklaerer-vom-zdf-prof-harald-lesch-verwendet-gefaelschte-grafik/ https://de.wikipedia.org/wiki/Harald_Lesch Entgegnung Motivation Lit.8/9

lich den **wahren Sachverhalt** erfasst hat und man ist versucht, diese z.B. bei einer Frage nach dem Verursacher einer Schädigung zu verkleinern, weil es zur Selbstverständlichkeit unseres Rechtsempfindens gehört, jemand nur bei einer eindeutigen klaren Beweislage zu beschuldigen nach dem Grundsatz „in dubio pro reo"[391]. Demgemäß muss auch der Arzt (Mediziner), um eine zweckgerichtete Behandlung vornehmen zu können, sich immer vergewissern, was die Ursache von Symptomen ist. *Bei jedem atypischen Krankheitsbild zuvor gesunder Personen sollte differentialdiagnostisch an eine* **Vergiftung** *gedacht werden. Da das klinische Bild bei vielen Vergiftungen nicht einheitlich ist, werden in der Regel verschiedene Symptome pathophysiologisch zusammengefasst zu Vergiftungssyndromen (sog. Toxidromen).*[392] Wenn eine Noxe ein komplexes Schadens-Bild wie z.B. Organophosphat hervorruft, wird die Diagnose erschwert, insbesondere dann, wenn der Verlauf der Vergiftungserscheinungen wegen der kurzen Inhibitionszeit der Acetylcholinesterase nicht sofort und sorgfältig beobachtet wird und wenn die Verursachungsart höchstens vermutet werden kann. Im Publikationsfall *Skripal* vom 04.03.2018 reichen die für einen den Vorgang Nachvollziehenden notwendigen Informationen für eine völkerrechtswidrige Beschuldigung[393] nicht aus, um den Eindruck einer hinreichenden Grades an Beweislage zu erhalten[394], denn die publizierten Daten des Erkrankungs-Verlaufs, der Symptome und der Blutprobe sind nicht frei von Unstimmigkeiten[395] und mit den Beschreibungen zusammen unzureichend für ein friedliches Zusammenleben von Beschuldigern und Beschuldigten und sogar schädlich. Deshalb bleiben für viele in den beteiligten Bevölkerungen **Fragen**[396], insbesondere solche an diejenigen, die für die Auskunftslücken verantwortlich sind, vielleicht, weil sie sich einen Nutzen aus der Affäre versprechen?[397] Plötzlich scheint die gesamte Angelegenheit ein - und insbesondere über den Chemiewaffeneinsatz[398] - heikle Angelegenheit zu sein.[399] Das Verwirrspiel um den Fall Skripal isst verdächtig, was sind lanzierte Informationen, was sogar falsche?[400] Damit wiederum veranschaulicht dieser Fall ein **besonderes Problem der Politik**[401], das letzthin zu der Frage führt, warum so etwas nicht allseits befriedigend aufgeklärt und gelöst wird.

Ökoideologische Begründungen findet man in den letzten Jahrzehnten vielfach in der Politik, sie haben sich zu einem gewaltigen Meinungsdruck ausgeweitet. Obwohl das Reaktorunglück von Tschernobyl 1986 weder repräsentativ für die damaligen und heutigen Kernkraftwerke schlechthin gelten kann, hat sie eine Flammenfront gegen die Kohlendioxidfreie Ener-

---

[391] https://www.juraforum.de/lexikon/in-dubio-pro-reo ,m

[392] https://www.rechtsmedizin.uni-bonn.de/studium/lebensmittelchemie_chemie_pharmazie/dateien_ws/Klinische_Toxikologie.pdf S. 3

[393] https://www.bundestag.de/resource/blob/558946/b89eccb15fd1a5b926fa8ca5f2267771/wd-2-040-18-pdf-data.pdf#search=%22%22

[394] https://publikumskonferenz.de/blog/2018/04/06/gefaehrdungen-durch-vergiftungen-und-vorsorgefolgerungen-aus-dem-fall-skripal/ https://tinyurl.com/yxowszhq

[395] https://tinyurl.com/y37ljyuw

[396] https://geomatiko.eu/forum/showthread.php?tid=1895&page=58

[397] https://de.sott.net/article/32368-Skripal-Propaganda-41-Fragen-an-England-USA-und-Co-von-Russland

[398] http://www.hannenabintuherland.com/otherregions/update-on-the-sergei-skripal-poisoning-and-the-conspicuously-many-unanswered-questions-dr-tim-hayward-herland-report/

[399] https://www.heise.de/tp/features/Fall-Skripal-Wenn-Fakten-zu-Narrativen-werden-4329377.html

[400] https://www.anti-spiegel.ru/2019/das-russische-aussenministerium-ueber-neuigkeiten-im-fall-skripal/

[401] https://www.tagesspiegel.de/gesellschaft/medien/berichterstattung-im-fall-skripal-britische-medienaufsicht-bestraft-russischen-sender-rt/24704782.html Angeblich nicht objektiv?

giegewinnung[402] entfacht, zusätzlich wird dieses Gas CO2 als Verbrennungsprodukt von Kohle für einen menschgemachen Wandel des globalen Klimas verantwortlich gemacht., sodass als Energie-Träger hauptsächlich Sonne und Wind genannt werden, beispiellos positiv bewertet gegenüber den langzeitigen Energieerzeugern von elektrischem Strom, obwohl bei Windstille der Strom teuer eingekauft werden muss, um wenigstens die Grundlast zu bewältigen.[403]

Die äußerst wirkungsvolle und effiziente Technologie wie die Energiegewinnung mit Hilfe von Kernspaltung oder die Mobilität mit Verbrennungsmotor, in die Millionen Mannjahre der Optimierung gesteckt wurden, werden bekämpft, so dass sie aufgegeben oder zurückgedrängt werden. Dabei werden diese gigantischen Investitionen implizit abgeschrieben, somit fallen Quellen stetiger Wohlstandsgewinnung einfach weg.[404] Wir leben in einer Zeit, in der wir eine Kultur hervorgebracht haben, die einen selbstzerstörerischen Altruismus zum einzigen Wert gesetzt zu haben scheint. (Motto: Deindistrialisierung)

Aufklärung von Fakten

Beim **naturwissenschaftlichen Experiment**[405] sind die Naturgesetze zu beachten, im Entwerfen technischer Anlagen die relevanten Regeln. Tritt in einem Anlageprozess ein störender Mangel auf, so wird er von kompetenten Technikern behoben. Für den Erfolg haftet der Ingenieur. Bei einem (technischen) Entwicklungsprojekt kann eine Zielvorgabe zwar zu den schwierig lösbaren Problemen gehören, aber das Lösen gehört zu den Aufgaben. Wenn in der Politik das zu Entscheidende nicht an den herrschenden Zuständen und am System hinreichend konkretisiert werden kann, bleibt man dort beim **Arbeiten im Ungewissen**. Vielfach müssen sich die betroffenen Bürger schon mit der „Zufriedenheitsperspektive"[406] begnügen, die Parteien[407] verfolgen weiter ihre eigenen Interessen. Somit klaffen die jeweiligen Denkhorizonte auseinander, wozu noch kommt, dass manches Denken nicht frei von Subjektivität und individueller Unzulänglichkeit, von Inkompetenz oder innovativer Ideenlosigkeit ist[408], die für das Erreichen eines hochgesteckten Zieles mit *bestmöglichen* Ergebnissen hemmend sind. Dabei enthält dieser Begriff bereits die **Erforderlichkeit von Objektivität** und Vergleichbarkeit, von Auswahlmöglichkeit des „besten".

Die Anforderung an jeden einzelnen in unseren Gesellschaft mit ihren zahlreichen Informationen hinsichtlich des aktiven Mitwirkens am Leben der Gemeinschaft besteht zunächst in

---

[402] https://www.bmu.de/fileadmin/bmu-import/files/pdfs/allgemein/application/pdf/tagung_20jahre_tschernobyl.pdf S. 110 umweltfreundlich

[403] http://diekaltesonne.de/fitz-vahrenholt-ausstieg-aus-kernenergie-kohle-und-der-grundstoffindustrie-wie-sich-eine-fuhrende-industrienation-ab/
https://www.eike-klima-energie.eu/2019/06/26/grosse-transformation-der-gang-in-die-knechtschaft/

[404] https://www.achgut.com/artikel/die_deindustrialisierung_geht_ans_eingemachte J. Eisleben, 2018

[405] http://tinyurl.com/y4shd5vf

[406] https://de.statista.com/statistik/daten/studie/2739/umfrage/ansicht-zu-den-wichtigsten-problemen-deutschlands/

[407] https://www.cicero.de/innenpolitik/wer-loest-die-probleme-im-land/48171

[408] https://www.amazon.de/Problematik-offener-Probleme-Symptom-unserer/dp/3656570299#reader_3656570299

einer Kommunikation des Zuhörens und Verstehens, des Begreifens der den Worten innewohnenden gedanklichen Inhalte, des Umganges mit Begriffen[409], des kritischen Verfolgens von Vorträgen usw. Die Vorstufe des Verstehens und Erkennens von Problemen offenbart sich im **funktionalen Analphabetismus,** das beim „Verstehen" von Wortzusammenhängen, Sätzen, Vorträgen beginnt[410] und bis zum Erfassen hochkomplexer Vorgänge dieser Welt wie Klima reicht. Wir Menschen sind auf eine **effiziente Kommunikation** angewiesen, aber gerade das ist in der heutigen modernen Welt der Politik verloren gegangen.[411] Der Nutzen der Meinungsfreiheit wird erst in einem wirklichen **Meinungs- und Gedankenaustausch** vollendet. Es geht nicht nur darum, eine Meinung sich bilden und äußern zu können, sondern für eine aktive Teilnahme am Geschehen der Gemeinschaft zählen **Kompetenzen,** sonst wird der Mensch ausgenutzt, zum Spielball von Demagogie und zum Aufbau von Meinungsdiktaturen, zum Beeinflussen von Bevölkerungen.[412] Man kann an manchen Fensehsendungen studieren, *daß die Aufsichtsgremien mit den Intendanten, Chefredakteuren und Mitarbeitern eine Interessenkoalition bilden, die selbst in Fällen krass* **einseitiger Berichterstattung** *und schwerwiegender Irreführung der Hörer jeden Versuch einer Richtigstellung entschieden ab-blocken.*[413] Es ist traurig, dass sich hier so mancher, noch unerfahrene Jugendliche durch die Medien einseitig und politisch einspannen lässt.[414] Oft verabscheuen sie das mühselige Erarbeiten einer fundierten Meinung, aber sie äußern sich im Gegensatz zu manchem Älterem, der sich wegen der zu waltenden Vorsicht nicht gern in der Öffentlichkeit äußert.[415]

Viele Menschen sehen die Bildung unter dem Gesichtspunkt der erlangten Kompetenzen, um ein eignes Leben durch Arbeit finanzieren zu können. Dies soll ihnen auch ermöglichen, immer mehr zu konsumieren, vielleicht, um „glücklich" zu sein. Sie streben nach einem möglichst störungsfreien Alltag, die Politik wünschen sie sich als Regulierungsinstrument der Verhältnisse. Sie erdulden die Machenschaften der Gesellschaftsmaschinerie, der Werbeindustrie, haben aber die Sehnsucht, in Freiheit ihr Leben gestalten zu können. Das wird aber immer schwerer. Das Ideal **humanistischen Bildung**, die, um der Gefahr einer Kollektivierung des Geistes zu entrinnen, breit angelegt ist, ist aus dem Bildungskonzert verschwunden. Dabei ist *Bildung etwas anderes als Wissen. Wissen lässt sich büffeln, aber* **Begreifen** *braucht Zeit und Erfahrung (...). Selbständig und frei denken zu lernen: Darum geht es nach wie vor. Wer nicht denken gelernt hat, der kann diesen* **Mangel** *durch noch so viele Informationen nicht ersetzen, auch nicht durch modernste technische Hilfsmittel.*[416] Bildung ist im Grunde **Selbstbildung**, Arbeit an sich selbst, Erlernen von **Kritikfähigkeit.** Wie kann da die schulische Erziehung helfen, wenn der Lehrer das nicht vorführen kann? Hier gibt es keine

[409] http://tinyurl.com/y5bmxufu
[410] https://www.alphabetisierung.de/fileadmin/files/Bilder/Bundesverband/Definitionen_FA.pdf
        http://www.bpb.de/apuz/179347/funktionaler-analphabetismus?p=all
[411] http://www.krone-schmalz.de/presseschau/videos/krawalltalk.pdf
[412] https://www.focus.de/wissen/klima/klimaerwaermung/plaene-der-umweltministerin-seien-weltfremd-lindner-kanzelt-streikende-schueler-ab-klimawandel-ist-eine-sache-fuer-profis_id_10430856.html
        https://www.dw.com/de/klimawissenschaftler-unterst%C3%BCtzen-sch%C3%BClerstreik-fridays-for-future/a-47868127 https://de.wikipedia.org/wiki/Harald_Lesch
[413] https://ageconsearch.umn.edu/record/211057/files/Bd23Nr05.pdf S.74
        https://www.eike-klima-energie.eu/wp-content/uploads/2016/12/Meinungsherrschaft.pdf Klimawandel
[414] https://www.eike-klima-energie.eu/2019/03/07/schueleraufmaersche-um-den-planeten-zu-retten-umweltsozialismus-einer-unfreien-deutschen-jugend/
[415] https://www.welt.de/politik/article193977845/Deutsche-sehen-Meinungsfreiheit-in-der-Oeffentlichkeit-eingeschraenkt.html
[416] http://www.bpb.de/apuz/29166/standards-fuer-schulische-bildung?p=all Johannes Rau.

Standards von Qualifizierung, von Wissensvermittlung, sondern hier geht es um das **kritische Denken**, das Infragestellen vor-gegebener Denkformationen, Schemata usw. Sie sind in unserer Welt im Allgemeinen aber nicht erwünscht, weil sie schon die verkündete Nachricht veranlasst, auf Wahrheitsgehalt zu prüfen, weil sie über Sprüche der Parteien nachdenken. Für Innovationen dagegen sind Kritiken wünschenswert, aber oft nicht vorhanden.

Die Mannigfaltigkeit im Bereich (persönlicher) Meinung.

Unsere Fähigkeit, mit unseren menschlichen Denkvermögen Erklärungen für wahrgenommene Sachverhalte zu erhalten, worunter auch die Erkenntnis von der Begrenztheit unseres individuellen Erfahrens und Wissens gehört, eröffnet uns die Möglichkeit, die Entwicklung unserer Welt und des Lebens sich verständlich zu machen, eben aber nach dem Stand der Wissenschaft und der persönlichen Entwicklung, also im fortlaufenden Evolutionsprozess unterschiedlich je nach der Stellung des Individuums in unserer Gesellschafts- und Kulturentwicklung, Bei der Vielzahl der existierenden Individuen auf unserer Erde bleibt es also nicht aus, dass sich hier Anhänger verschiedener Glaubens- und Wissenschaftsrichtungen **gruppieren**, z.B. die von einer Schöpferidee oder die einer natürlichen Selbstorganisation, jeweils mehr oder weniger von der Richtigkeit überzeugt.[417] Die kognitiven Transformationen laufen je nach der Stufe des Verständnisses der Umwelt, der Natur usw. und der kulturellen Basis unterschiedlich, wir kennen heute faktisch nur die Änderung der sozioökonomischen Strukturen der letzten Jahrhunderte in Europa[418], nicht die vorangegangen z.B. in alten Imperien vor der Antike. Möglich erscheint, dass die Anforderungen an die geistigen Leistungen prinzipiell durch den Wettbewerb im Überlebenskampf stiegen und damit eine Vergrößerung des Gehirns auslösten.[419]

Für jedes einzelne Individuum ergeben sich trotz zahlreicher Informationsangebote dennoch Fragen, vor allem, was wahr und richtig ist, was nur eine Arbeitshypothese oder „wissenschaftlich" gesichert ist, welchen Einfluss der Mensch dabei einnehmen kann. Daraus folgen Streitigkeiten, Meinungsverschiedenheiten und Bemühungen um eine Vorherrschaft über die anderen und deren Moral, die Ergebnis einer Religionsgemeinschaft sein kann, deren Prinzipien letztlich vom Menschen stammen oder in ihnen verkörpert[420] festgehalten sind, wie Philosophen herausgefunden haben wollen.[421] So leben Individuen unterschiedlichen Denk- und Urteilsvermögens nebeneinander und jeder will über die Geschicke der Gemeinschaft, in der lebt, **mitbestimmen**, aber ob er hierfür hinreichend qualifiziert ist, steht dahin.[422] Wer ist denn frei von Irrtümern seines Denkens, von Inplausibilitäten? Gefangen im tradierten Den-

---

[417]   http://www.spiegel.de/wissenschaft/natur/evolutionstheorie-90-prozent-der-us-amerikaner-glauben-an-schoepfer-a-953951.html   http://bfg-augsburg.de/portal/content/die-evolutionstheorie-und-ihre-gegner
[418]   https://www.amazon.de/geistige-Entwicklung-Menschheit-Georg-Oesterdiekhoff/dp/3938808721
[419]   https://de.wikipedia.org/wiki/Hominisation Zitat 63 (Bailey – Geary– Homicie brain evolution. 2009)
[420]   https://userpages.uni-koblenz.de/~mjung/wp- content/uploads/2011/06/grundbegriffe.pdf Folie 8ff.
[421]   https://userpages.uni-koblenz.de/. Folie 123 ~mjung/wp-content/uploads/2011/06/grundbegriffe.pdf
        https://de.wikipedia.org/wiki/Bund_f%C3%BCr_Deutsche_Gotterkenntnis
        http://www.ludendorff.info/Richtigstellungen/richtigstellungen.htm
[422]   https://d-nb.info/983765820/34

ken, als Europäer mit geistiger und moralischer Überlegenheit, auf Zustimmung in Umfragewerten schauend, politisch auf Macht bedacht.[423] Was ist da **rational qualifiziert**?

Die menschlichen Individuen leben in einer Gemeinschaft, die für ihr Handeln zu befolgende Normen z.b. mit nachzueifernden Tugenden zur Grundlage gemacht hat, worunter die (soziale) Gerechtigkeit eine zentrale Rolle einnehmen kann. Dabei differieren in den einzelnen Gemeinschaften und Staaten die Auffassungen über den Wert oft nicht unerheblich, was zu Spannungen führt, denn weitaus der größte Teil der Menschheit sucht kulturell nach Sinn-Erfüllung, nach Glück oder auch anderem, auf jeden Fall nach Vermeiden von Leid und auch Mühsal. Der Philosoph Kant sieht die Vernünftigkeit als ein notwendiges Maß der Dinge, was aber in der Wirklichkeit nicht verallgemeinert werden kann. Sind militärische Einsätze Ausdruck von Vernunft? Gibt es Staaten mit Bösewichtern, mit „Teufeln"? Und wer bewertet das? Hat sich die Politik der Moral des Besseren unterzuordnen? Dürfen menschliche Gefühle das politische Handeln bestimmen, wenn der Verstand sagt, es wäre nicht frei von Unvernünftigkeit und Herrschsucht? Ob die Zielsetzung moralisch gerechtfertigt oder einen Wunsch nach Besserem entspringt, entscheidet das Individuum oft nicht nach Abwägung aller Interessen, sondern nach der momentanen Meinung, z.B. danach, ob *die Menschheit viel Energie auf den (mit Waffen des Fleisches wie des Geistes geführten) Kampf um die Wahrheit der religiösen, moralischen und politischen Glaubenbekenntnisse anwendet im Unterschied zu der geringen Anstrengung, Glaubensbekenntnisse einer Überprüfung auszusetzen, nach ihnen man* (tatsächlich) *handelt.*[424]

Den Philosophen ist klar, dass ihr Denkgebäude für die praktische Anwendung nur bedingt tauglich ist, weil die Individuen real und nicht ideal sind, d.h. fast alle Menschen ordnen ihre Tätigkeiten nicht nach Vernunft, nach rationalem Denken, sondern nach dem ein, was ihnen gefühlsmäßig „richtig" erscheint, also auf Basis von Erlernten in Gemeinschaft mit überlegtem Wissen, nach Vorbildern, nach ihrer Stellung in der Gesellschaft usw. Es ist auch nicht abzustreiten, dass das **Untertanentum** keineswegs untergegangen, wenn auch nicht offensichtlich als solches verbreitet bekanntes. So wird z.B. der Einzug von Kirchensteuer noch staatlicherseits vorgenommen, obwohl die völlige Trennung von Staat und Kirche wie in Frankreich gefordert wird.[425] In Deutschland muss der Arbeitnehmer noch seine religiöse Überzeugung offenlegen, was Eingriff in die geschützte Religionsfreiheit bedeutet.[426]

Schon vor Jahrhunderten wussten die abhängigen Menschen um die strenge Zucht von Pflichten und den Folgen, wenn sie den negativen Neigungen nachgaben, ihnen nicht auszuweichen, weshalb sie sich damit in der Lehre angewandter Moral darüber ausließen, z.B. hinsichtlich der einzuhaltenden Tugenden und Selbstpflichten.[427] So sind Versprechungen, die zu Erwartungen beim anderen führen, einzuhalten. *Lügenhafte Versprechen sind Betrug.* Die Frage der Erfüllungsmöglichkeiten in der Praxis werden von einzelnen Individuen fast durch-weg nur theoretisch dargestellt, immerhin taucht bereits um 1800 die Ungerechtigkeit der Verteilung

---

[423] https://www.zeit.de/kultur/2018-07/angela-merkel-regierungszeit-regierungsstil-politisches-system

[424] John Dewey (1859-1952) *Die Suche nach Gewißheit.* Suhrkamp. 2001 https://userpages.uni-koblenz.de/~mjung/wp-content/uploads/2011/06/grundbegriffe.pdf Folie 123

[425] https://de.wikipedia.org/wiki/Trennung_zwischen_Staat_und_religi%C3%B6sen_Institutionen
http://www.humanistische-union.de/fileadmin/hu_upload/doku/publik/huschrift21.pdf

[426] https://weltanschauungsrecht.de/meldung/trennung-staat-und-kirche-etwas-schlimmes 2017
https://weltanschauungsrecht.de/sites/default/files/download/uni_goettingen_2016.pdf

[427] http://tinyurl.com/yxodof8t C.Chr.E.chmid, 3. Hauptteil, Angewandte Moral 1792 S. 570ff.

der Erdengüter auf die einzelnen Individuen als auszugleichendes Handlungsgebot auf, zumal eine religiöse Pflicht dazu bestünde.

Wenn Individuen einer **Partei** beitreten, dann basieren deren Grundforderungen auf einem Programm[428], von dem tagespolitisch abgewichen werden kann und daher weniger als die Praxis der Partei-Repräsentanten bei der Beurteilung von Gewicht sind. Im Grundsatz wollen jedoch alle Parteien als diejenigen erscheinen, die das Beste für die Individuen wollen und darstellen, aber die Beurteilung im Vergleich zu anderen Parteien ist wegen der Vielzahl **nicht eingehaltener Versprechungen** und Ziele schwierig, nicht immer ist man in der Lage, Behauptungen als solche zu erkennen. Das ermöglicht Journalisten, ihre Einschätzung als die richtige zu verkaufen, denn die meisten Leser ihrer Beschreibungen können die Wahrheit nicht selbst herausfinden, ihre Informationsquellen sind zu schmal. Dabei ist Kritik am gegenwärtigen System notwendig, für viele Journalisten ist es aber einfach, im Mainstream zu schwimmen als selbst eine Analyse im Sinne **ihrer Informationsaufgabe** zu betreiben.[429]

Wir wissen, dass eine **politische Meinungsbildung** kein reiner Denkprozess ist, sie basiert auf der subjektiven Erlebniswelt des Individuums, es wirken Signale aus dem Emotionesgedächtnis n ein, man horcht auf Intuition und **Gefühle** „im Bauch".[430] Das subjektive Gefühl des Bedrohtseins von Gefahr gehört zu den durch den Staat zu schützenden Grundbedürfnissen des me3nschlichen Lebens[431], insbesondere dann, wenn es in der Größenordnung unbestimmt ist, weil z.B. die Wahrnehmung der Sicherheitsstrategie gegen eine nukleare Gefahr wegen der Schwierigkeiten in das Verständnis eines Kernkraftwerkes nur unvollkommen wahrgenommen wird. Die radioaktive Gefahr (ionisierender Strahlung) ist infolge der drastischen Ereignisse durch den Atombombenabwurf 1945 und die ausführlichen Darlegungen der Kernkraftunglücke durch die Medien zwar gegenwärtig, aber vielen Menschen wegen der Komplexität in ihrem Ausmaß als Massenvernichtung unverständlich. Rationale und naturwissenschaftliche Sicherheitskonzepte sind kein Garant für Gefühlte Sicherheit. Widersinnig erscheint der mögliche Einsatz von Atomwaffen in politischen Konflikten, im Verein mit militärischen Einsätzen. Zu beachten ist, dass **Furcht und Angst** zwar als Grundgefühl bedeutsam sind, aber sie stören eine logische Entscheidung, sie sind daher wenig für nüchterne Politik geeignet, sie sind sogar gefährlich, da sie für die Stimmungsmache in der Bevölkerung benutzt werden können. Dabei müssen sie nicht einmal einem realistischen Sachverhalt entsprechen. Gefühle können z.B. die Einschätzung der Risken verstärken.[432] Deshalb sollte man ein rein rationales Denken anstreben[433], gerade dann, wenn man von außen her über Propaganda zu Gefühlsduselei ermuntert wird.

Die Differenzierung der Menschen nach ihrem Verhalten gegenüber Emotionen und dem Rationalitätserfordernis ist nur dem Grunde nach erforscht, aber wir wissen: jeder Mensch ist verhält sich anders.[434] Nicht jeder ist willens und bereit, über die Dinge und die Politik zu grübeln oder Zusammenhänge und Ursachen oder gar die Zukunft aufzudecken. Nicht jeder ist kognitiv fähig, selbständig zu einem Urteil zu kommen. Viele verschiedene Gründe offen-

[428] https://de.wikipedia.org/wiki/Parteiprogramm
[429] https://www.spiegel.de/politik/deutschland/afd-programm-so-sieht-die-partei-die-welt-a-1089976.html
[430] https://www.spektrum.de/lexikon/neurowissenschaft/emotionen/3405
[431] https://www.hss.de/fileadmin/media/downloads/Berichte/120429_TB_Gefuehlte_Sicherheit.pdf
[432] https://gedankenwelt.de/wie-gefuehle-deine-entscheidungen-beeinflussen/
[433] https://gedankenwelt.de/emotionales-schlussfolgern-was-es-bedeutet-und-welche-konsequenzen-es-hat/
[434] https://de.wikipedia.org/wiki/Differenzierung_des_Selbst

baren die Heterogenität und die Vielfalt, aber auch die Trägheit der Menschen kritisch zu denken.[435] So manche kategorisieren ihre Umwelt immer in ähnlicher Weise; es ist das **Schubladendenken**. Die Denkmuster wiederholen sich, neues bedingt, über althergedachtes zu springen.[436] Sich zu befreien vom Überfluten mit Informationen und fremdgefilterten Bildern, die die Medien anbieten. Sich befreien von Vorgedachten aus digitalen Hilfsmitteln, den eigenen Standpunkt überprüfen. Die **Zukunft der digitalen Welt** wird rosig gemalt, aber sie hat ihre Schattenseiten. Die neue persönliche Nähe wird in ein Korsett gesteckt, wozu noch eigens denken, wo wir doch vor- oder angedachtes nutzen können. Die Komplexität unseres Daseins wird vereinfacht.[437]

Der Zwang zum Denken jetzt

Wenn man sich in der Welt umschaut, so können Sachverhalte und Entscheidungen z.B. von Politikern als Gelegenheit gesehen werden, über diese nachzudenken und sie anhand von Maßstäben z.B. der Zukunftsfähigkeit oder Ethik kritisch zu beurteilen in der Absicht, die bestehende Situation zu verbessern oder um innovativ tätig zu werden. Dass hierzu ein adäquates Wissen vorhanden sein muss und die Fähigkeit, sachlich zu **vergleichen**, leuchtet sofort ein. Dabei müssen Unterschiede und Gemeinsamkeiten herausanalysiert werden. Vergleiche[438] können auch auf Basis von abstrakten und konkreten Vorstellungen erfolgen. Wenn man beispielsweise eine Zeitung heranzieht, so kann man die darin enthaltenen Texte hinsichtlich ihrer Informationsherkunft, -verarbeitung und Subjektivität des Schreibers werten Ist der Text glaubwürdig? Diese Methodik muss geübt werden, sie verlangt vom Studierenden Flexibilit, Freiheit vom Hergebrachten, immer schärfere Kritik- und Lernfähigkeit, z.B. beim Benchmarking aus den durchgeführten Vergleichen.[439] **So lernt man**, ein anstehende Problem und Lösungsmöglichkeiten zu erforschen und ggf. etwas **Neues zu denken** und zu erfinden.

Deutschland war als eine vorbildliche Industrienation mit einem hohen Innovationspotential bekannt. Es war ein Länder-Standort, der *für wissensbasierte, technologiegetriebene Industrie und Dienstleistung besonders gut geeignet war.*[440] *Vor allem durch eine konstante **Innovationsfähigkeit** in der Forschung und Entwicklung und Wissensbildungbestich bestach es.*[441] Zwar erscheint es möglich, durch gute Personalzusammenstellung in Gruppen die innovative Arbeit weiter zu steigern[442], aber im Wesentlichen kommt es auf das **umgebende Klima** und die Kreativität von Einzelpersönlichkeiten an, wobei das öffentliche Klima das Ergebnis von der herrschenden Politik ist, es kann bedrückend, aber auch fördernd im Encouragement

[435] https://scilogs.spektrum.de/hochbegabung/denken-hochbegabte-differenzierter-g-und-spearmans-law-of-diminishing-returns/

[436] https://www.deutschlandfunk.de/wie-unser-gehirn-die-welt-sortiert-schubladen-fuer-das.1148.de.html?dram:article_id=364463

[437] https://www.brand-trust.de/de/artikel/2017/Was-bedeutet-es-digital-zu-denken.php

[438] https://de.wikipedia.org/wiki/Vergleichende_Methode

[439] https://www.umsetzungsberatung.de/veraenderungsstrategie/benchmarking.php

[440] https://www.manager-magazin.de/digitales/it/technologiestandorte-studie-vergleicht-laender-weltweit-a-1194234.html

[441] https://www.wiwo.de/politik/ausland/global-innovation-index-das-sind-die-innovativsten-laender-der-awelt/14017512.html

[442] https://tinyurl.com/y4926cqu   https://publikationen.bibliothek.kit.edu/1000043656/3273845

sein.[443] **Einseitigkeit** in der Meinungsmache, **Ideologisierung** von Vorhaben etc. sind da nur **Hemmnisse.**[444] *Damit Neugier, Wissensdurst, Erkenntnisdrang und Erfindergeist bei uns gedeihen können, muss eine Ideologisierung in der Forschungs- und Technologiepolitik beendet werden. Die Blockade wichtiger Technologiefelder durch Barrieren und Denkverbote gehören abgebaut, ob in der Gentechnik oder bei der Energiegewinnung.*[445] Gerade in der parlamentarischen Demokratie zeigen sich Schwächen freiheitlichen Denkens, wenn die **Ideologien zur allein richtigen Denkweise erklärt werden** mit dem Ziel, die Macht im Staat zu ergreifen. Und wenn ein Druck durch die Meinungsmacher, die Medien noch verstärkt wird, haben die Einzelkämpfer und die Minderheiten es schwer, ihre Meinung zur Geltung zu bringen.[446] So durchdringt gegenwärtig das **ökologische Paradigma** sämtliche Überlegungen, die oft im krassen Gegensatz zur nüchternen und technoökonomischen Prüfung stehen, vieles scheint einem Ideologisierten machbar, aber ohne echtes Wissen bleibt es oberflächlich. Phrasen ersetzen keine Realität. Eine Sinnorientierung, die sich an einem bestimmten Bild von Natur orientiert und radikal alles verdammt, was als feindlich und ökologiewidrig angesehen wird, ist eine **Gefahr,** weil *das neue ökologische Paradigma die ganze moderne Wirtschaft und Gesellschaft umkrempelt,* ohne das tatsächlich bestmögliche anzustreben. Ziele proklamieren ist das eine wie z.B. die der ökologischen Nachhaltigkeit, aber oft sind sie nur ein Aspekt **grüner Utopien,** die teilweise bereits zum Regierungsprogramm gehören.[447] Dabei haben die Grünen (als Partei) sogar *eine technikreflexiven Grundhaltung,* so meinen ssie z.B., *mit innovativer grüner Technik lassen sich schwarze Zahlen schreiben,* schließlich *sind sie die politische Kraft der Technikfolgenreflexion.*[448] Ideologiegläubige fragen nicht nach möglicher Eigen-Überhöhung.

Im Fachgebiet Technik- und Wissensgeschichte beschäftigen sich Historiker mit dem Vergangenem, um daraus Lehren zu ziehen. *Die **Zukunft**, in welche die Gegenwart voller Nichtwissen, aber mit Vermutungen und Vorhersagen, Hoffnungen und Befürchtungen blickt, wird sich (vermutlich) ähnlich kontingent gestalten, wie es auch zurückliegende Geschichtsverläufe waren.*[449] Das scheint wohl daran zu liegen, weil sich selbst große Veränderungen (durch den Menschen) im gesamten Großen bisher nur wenig auswirken. Wie *lässt sich nun bei der Pluralität der Erfahrungen mit Wissenschaft und Technik nachkommen, ohne in einem Konglomerat verschiedenster Geschichten zu lokalen Technikadaptionen oder indigenen Wissensbeständen zu resultieren?* Wie kann man trotzdem herausfinden, was nach dem Stand der wissenschaftliche Erkenntnisse zu empfehlen ist? Das wird vermutlich schwierig, wenn man dazu neigt, etwas Komplexes **ideologisch zu vereinfachen**, ohne die Wirklichkeit zu verformen?[450] Das ist eine elementare **Gefahr,** die man konkretisieren und unbedingt beseitigen muss, um nicht als Schwärmer einer zukünftig ideologischen besseren Welt eingestuft zu werden.[451]

Um nicht durch Ideologisierung oder Parteieinseitigkeit zu verkrusten, müssen wir offen für neues und kritisches Denken sein und bleiben, nicht Themen ausklammern. Von jeher sind die

[443]   https://tinyurl.com Einseitige Meinungsmache, Ideologisierung/y26rcp5c
[444]   https://tinyurl.com/yy9ephov
[445]   http://dip21.bundestag.de/dip21/btd/16/015/1601532.pdf S.2
[446]   https://www.ifz-muenchen.de/heftarchiv/1983_1_1_bracher.pdf
[447]   https://www.achgut.com/artikel/warum_wollen_so_viele_gruen_waehlen/P40
[448]   https://www.gruene.de/artikel/gruene-relevanz-ein-vorschlag-zur-ideenpolitik .
[449]   https://onlinelibrary.wiley.com/doi/full/10.1002/bewi.201801946
[450]   https://murmann-magazin.de/business/2017/11/komplexitaet-meistern-warum-vereinfachen-eine-schlechte-idee-ist/
[451]   http://www.rote-ruhr-uni.com/cms/texte/Ideologie-und-Ideologien-im Sebastian Herkommer 2019

Menschen die Treiber von Entwicklungen, die in die Zukunft weisenden Schlagworte wie Digitalisierung etc. helfen nicht weiter, sie sind nur Feldbeschreiber, auf der sich dann viele stürzen. Es sind nach der Geschichtserfahrung die Einzelpersönlichkeiten, die sich vom Gewöhnlichem abhoben und diese Chance muss erhalten bleiben, indem wir uns **befreien von geistiger Hörigkeit** aller Art, von der Meinungsströmung in den Medien, in der Parteienlandschaft usw., was Gewinnung eigener Erkenntnisse, was **Selbstbestimmung** real bedeutet.[452]

Der Wunsch nach mehr Sicherheit.

Ideologien können das wahre Bild der Welt verschleiern, aber sie vermitteln keine reale Sicherheit, die sich so mancher z.b. in Versorgungs- und sozialer Sicherheit wünscht. Kaum einer begehrt einen Zustand, der mit Weltuntergang bezeichnet wird. Die wesentlichen und gravierenden Umgestaltungen des Erdsystems durch den Menschen wird man nicht ohne weiteres herausfinden, wenn man dies nicht aus dem Blickwinkel eines unabhängigen Forschers für Entwicklung betrachtet, gewissermaßen aus langjähriger Erfahrung des Einflusses innovativer Kultur. Hier können uns die wichtigen **Fortschritte** der Energietechnik mit Dampfmaschine und Verbrennungsmotor und die Energiewandler mit Generatoren und Motoren Hinweise geben, denn ohne diese hätte es die Industrialisierung und entsprechende Infrastrukturen für das moderne Leben nicht gegeben. Sie sind keine Ausgeburten von **Ideologie**, sondern praktischer Entwicklungstätigkeit. *Wo der Begriff Ideologie verwendet wird, geht es um das Problem der Vermittlung zwischen dem Handeln und Denken des einzelnen Menschen und einer allgemeinen **politisch-moralischen Praxis und Theorie**.*[453] Hier nur auf Grund von **Visionen** einzugreifen, ist Vorgehen voller Risiken, wenn nicht ein **gut bedachtes Konzept** mit **gründlichem Abwägen der Vor- und Nachteile** herausgearbeitet ist. Visionen bieten keine Sicherheit. *Eine aus ökonomischer Sicht rationalere Ausgestaltung des Übergangs zu erneuerbaren Energien müsste im Vergleich zum Status quo zunächst auf wesentlich sorgfältigeren Analysen der Realisierbarkeit und der jeweils zu erwartenden Gesamtkosten verschiedener energie-politischer Szenarien sowie einer Abwägung der jeweiligen Risiken beruhen.*[454] So stellt die politisch propagierte **Energiewende** wegen der Komplexität eine zu beachtende Anforderung dar, wobei es erstaunlich ist , dass die Wirtschaftswissenschaftler sich nicht mit deren gewaltigen Dimension befassen.[455] *Man muss sich immer wieder vor Augen führen, dass es sich bei der Energiewende um ein gesellschaftliches **Großprojekt** handelt. Schließlich wird eine unserer zentralen **Infrastrukturen substantiell umgebaut**.*[456] *Am Ende wird die Energiewende nur gelingen, wenn neben dem Klimaschutz auch die Stromversorgung sicher und die Strompreise bezahlbar bleiben.*[457]

*Die **Energiewende** hat mit erheblichen **Problemen** zu kämpfen. Trotz im Jahre 2017 über 28.000 installierter Windturbinen, deren Nennleistung bereits alle ehemaligen deutschen*

[452] https://de.wikisource.org/wiki/Politik_und_geistige_Arbeit_(Bekker)
[453] http://wwwu.uni-klu.ac.at/hstockha/neu/Think_ideologiekritik.pdf
[454] https://www.econstor.eu/bitstream/10419/165025/1/ifosd-v64-2011-i18-p30-39.pdf zweitletzter Absatz
[455] https://www.itas.kit.edu/veranstaltungen_2019_itas-kolloquium.php R. Loske, 22.7.2019 KIT
[456] https://www.iee.fraunhofer.de/de/presse-infothek/Presse-Medien/Pressemitteilungen/2019/barometer-energiewende-2019.htmlnergiewende-2019.html
[457] https://www.en-former.com/energiewende/
?etcc_cmp=Energiewende&etcc_med=SEA&etcc_grp=gads_phraseRWE

*Kernkraftwerke übertrifft, macht verbrauchter Windstrom dennoch nur etwa 3% der deutschen Primärenergie aus, Sonnenstrom und Strom aus Biomasse jeweils etwa 1%. Das für die Netzstabilität notwendige Vorhalten von fossilen **Backupkraftwerken**, deren Leistung der Gesamtleistung der **fluktuierenden Erneuerbaren** entspricht, ist zu einem maßgebenden **Kostenfaktor der Energiewende** geworden. Der erforderliche Anteil von Grundlastkraftwerken hängt auch von der aktuellen Netzstruktur und ferner davon ab, welches **Blackout-Risiko** man noch toleriert. [458] Ohne ausreichende Speicherkapazitäten ist die in Deutschland projektierte Schaffung immer neuer Kapazitäten für die Stromerzeugung aus regenerativen Quellen jedoch nur von beschränktem Wert. [459]*

*Diese wird dann, wenn man den Weg einer **Dekarbonisierung** um 90 % bis 2050 gehen will, nach einer Studie[460] mit rund 1150 Terawattstunden sogar fast doppelt so viel Strom benötigt wie heute" (S.10), weil Verkehr und Wärme ebenfalls aus Strom erzeugt werden soll. [461] Lange hatte die Bundesrepublik den Nimbus des Vorreiters in Sachen Energiewende. Doch der aktuelle Bericht des Weltwirtschaftsforums (WEF) erklärt diesen Eindruck zur **Illusion**. Er stellt Deutschland ein ernüchterndes Zeugnis aus. Gemessen an den hiesigen Ansprüchen lässt sich sogar von einem vernichtenden Ergebnis sprechen.[462]*

Das **Sicherheitsbedürfnis** gilt als eine Grundforderung der Menschen, aber kulturanthropologisch fällt die Konkretisierung sehr unscharf aus, schon die Wahrnehmung von Gefahren und ihre sicherheitstechnische Erfüllung bleiben höchst verschieden.[463] So kann sogar eine Fehleinschätzung von Gefahr zum Risiko werden, eben weil der Mensch nicht vollkommen ist. So kann die **Sicherheitswissenschaft** Methodik und Vorgehensweise zur Einschätzung empfehlen, aber das wird nicht zum Garant von Sicherheit. man weiß etwa, was zu tun ist. Der Mensch selbst ist ein Risikofaktor. er kann unzuverlässig sein

Mit dem Betrieb der Dampfmaschine Mitte der 19. Jahrhunderts zeigte sich, dass die damit verbundenen Gefahren mit prophylaktischen **Sicherheitsmaßnahmen** in vertretbaren Grenzen[464] gehalten werden müssen und man arbeitete entsprechende Vorschriften aus. 1869 wird ein Verein zur Überwachung von Dampfkesseln gegründet[465], aus dem dann weitere Sicherheitsorgane – mit z.T. hoheitlichen Aufgaben, entstehen.[466] Vorsorgend wird bereits die Genehmigungbedürftigkeit solcher Anlagen um 1900 behördlich festgelegt sowie, um den **Risikofaktor Mensch** zu minimieren, die Ausbildung der Heizer reguliert, Der Sicherheitsgedanke wird zu einem wichtigen **Beurteilungsmaßstab** technischer Neuerungen, ob und

---

[458] https://www.eike-klima-energie.eu/2019/05/10/warum-die-energiewende-ein-totes-pferd-ist-und-der-spiegel-unsinn-schreibt/

[459] https://www.econstor.eu/bitstream/10419/165025/1/ifosd-v64-2011-i18-p30-39.pdf

[460] Deutsche Akademie der Wissenschaft, *Sektorkopplung, Untersuchungen und Überlegungen zur Entwicklung eines integrierten Energiesystems*
https://www.achgut.com/artikel/klima_verstaatlichen/P5https://www.weltwoche.ch/ausgaben/2019-20/artikel/das-4600-milliarden-fiasko-die-weltwoche-ausgabe-20-2019.html https://www.jura.uni-muenster.de/de/institute/institut-fuer-umwelt-und-planungsrecht/muensteraner-gespraeche-maerz-19/vortrag-baehr/

[461] http://diekaltesonne.de/fritz-vahrenholts-sonnenkolumne-0519-der-4600-milliarden-flop/

[462] https://www.welt.de/wirtschaft/article190788643/Teuer-und-ineffizient-Deutschland-bei-Energiewende-abgehaengt.html

[463] https://link.springer.com/chapter/10.1007/978-3-322-90744-8_2

[464] Vgl. Norm IEC 64154089 Definition Sicherheit https://de.wikipedia.org/wiki/Sicherheit

[465] https://www.tuev-nord.de/explore/de/erinnert/eine-kurze-geschichte-der-dampfmaschine/

[466] https://de.m.wikipedia.org/wiki/T%C3%9CV

wieweit sie für den Menschen Gefährdungen darstellen und wie das daraus bestehende Risiko zu beurteilen ist.[467] Viele Fachleute sind jetzt speziell mit dieser Aufgabe betraut, aber es ist nicht möglich, allein aus den Vorstellungen und Erfahrungen jedes Risiko gänzlich auszuschließen; es bleibt den Menschen frei, das Maß der Sicherheitsmaßnahmen zu bestimmen, was insbesondere für die Organe der Politik gilt.

Das Problem, wieviel Zustimmung die Ideologie als solche hat, ist mehr als früher abhängig von der Beeinflussung der Bevölkerung durch Medien. Als ein geschichtliches Beispiel einer Ideologiezustimmung kann das Dritte Reich gelten.[468] Die Forcierung einzelner technologischer Felder führte zu einen rasanten Anstieg der Neuerungen. Das überdeckte die politische Einstellung. Umgekehrt lernten die Menschen, insbesondere in der DDR, vieles als Propaganda und Unterstützung der Machthaber zu entlarven. Die Verkündung der Abwendung einer Menschen bedrohenden Gefahr durch das Kohlendioxid lässt Kritiken verschwinden.

Im technischen Bereich ist der Begriff der **Zuverlässigkeit** sehr oft eine Forderung. Von eminenter Wichtigkeit ist die **Informationssicherheit**[469], denn Fehler oder ggf. Sabotagen können geschäftliche und politische Entscheidungen beeinflussen. Die Bearbeiter von Informationen usw. sind angehalten, das in sie gesetzte **Vertrauen** zu rechtfertigen. Viele Arbeits- und Lebensgebiete gibt es, in denen ein dauerhaftes zufriedenstellendes Zustand nicht ohne Vertrauen gewährleistet werden kann, es gibt zu viel Möglichkeiten, vom Tugendhaften abzuweichen.[470] Daher heißt es: immer wachsam bleiben, Ideologien auf den Prüfstand der vorausschauenden Bewährung. Bei den Bloggern, den Kommentaren und in den Sozialen Medien sieht man, dass nur wenige sich erkühnen, Kritisches auszusprechen, obwohl wir in einer Demokratie „leben". Was denkt denn nun die Allgemeinheit? Die Umfragen sind nicht zweifelsfreie Detektive, es sind Antworten auf Fragen, die auf Motivierte treffen.

Die Kerntechnik als Beispiel ideologischer Verzerrung.

Sicherheit kann man aus der Wahrscheinlichkeit eines Menschen gefährdenden Ereignisses beurteilen, aber auch mit der Motivierung eines moralisierenden Umweltaktivisten, dann ist sie Teufelszeug. Allein aus dieser Grundeinstellung heraus wurde der Aufwand für die Herstellung von Sicherheit einer technischen Großanlage hochgetrieben, weshalb ein Kernkraftwerk als relativ sicher angesehen werden kann, wenn man von unvorhergesehen wie Terroranschlägen absieht.[471] Das Problem der sicheren Endlagerung ist ein von der Politik zu lösendes, letztlich auch das anderer Gefahren wie der des Ausfalls alternativer Energien und die Last der Vorsorgesicherheit, der die objektive Aufklärung entgegen zu setzen ist. Einst waren die Deutschen führend in der Kern-Technologie, heute sind es die Ingenieure anderer Staaten.

Nach dem Einsatz von Atomwaffen in Japan zur Niederschlagung des militärischen Gegners der USA waren viele Menschen entsetzt über die Vernichtung und Schädigung von der gro-

[467] https://tinyurl.com/y28goewp Siemens, 2013 funktionale Sicherheit, S. 17ff.
[468] https://de.wikipedia.org/wiki/Zustimmung_zum_Nationalsozialismus
[469] https://de.wikipedia.org/wiki/Informationssicherheit
[470] https://www.sicher-im-netz.de/sites/default/files/download/leitfaden-informationssicherheit.pdf
[471] https://www.cicero.de/wirtschaft/atomkraft-kernenergie-energieversorgung-energiewende

ßen Zahl Menschen und sie waren besorgt, was wohl die Zukunft bringen würde. Es bildete sich eine Anti-Atomkraft-Bewegung, die das politische Leben zunehmend diktierte, worin die Langlebigkeit des radioaktiven Mülls und das Problem der Endlagerung immer eine besondere Bedeutung erlangte.[472] Der **Ausstieg aus der Stromversorgung durch Kernkraft** war ein Bundestags-Wahlversprechen der SPD und Grünen 1998. Die rot-grüne Bundesregierung erklärte 2000, dass sie die Energiewende mit Verabschiedung fossil-nuklearer Erzeugung einleiten wolle, was dann am 14.12.2001 mit den Stimmen der Koalitionsmehrheit von SPD und Grünen durch den Bundestag beschlossen wurde, er heißt, wegen der **Sicherheitsbedenken,** aber eben **politisch motiviert** und nicht konkret und bis zum Ende überdacht. Die CDU kritisierte, dass (ausgerechnet) die sichersten Atomkraft-Werke in Europa abgeschaltet würden. Das Gesetz war nicht zustimmungspflichtig durch den Bundesrat. Ein großer Teil der Fachleute in der Reaktor-Sicherheitskommission hielten und halten diesen Atomausstieg für technisch falsch.[473] Heute wird gegen die RSK-Kommission polemisiert, die Bevölkerung habe den technischen Sicherheitsvorkehrungen nicht getraut.[474] Der Ausstieg aus dem Kernkraft-Bau bedingte außerdem auch einen Ausstieg der relevanten Technik in der Bundesrepublik; damit wurde der technische Sachverstand ausgeblutet.

Der **deutsche Atomausstieg** wird weltweit keineswegs als vorbildlich angesehen, Aber einige im Bundestag meinen, auch auf Nachbarstaaten ähnlich einwirken zu müssen.[475] 2013 waren 436 Kernkraftwerke in Betrieb, 62 im Bau.[476] Bis 2018 wurden 166 Reaktorblöcke mit 66 GW Leistung aus den unterschiedlichsten Gründen außer Betrieb genommen. Heute ist allgemeiner Stand der Erkenntnis, dass die Anlage in Fukushima, die zum Beschluss in Deutschland führte, nicht zum negativen Vorbild von Medienberichten als Unfall einer Kernanlage hätte herhalten sein dürfen, wenn dort die internationalen Standards eingehalten wären.[477] Man war auf den Fall verheerender Tsunami nicht ausreichend vorbereitet. Es war auch kein Reaktor-Unfall im üblichen Sinne[478], Menschen starben deswegen nicht.

Man hat mit unterschiedlicher Intensität weltweit weiter an der Sicherheit der Kernkraftwerke gearbeitet, weil man weiß, *dass* wegen der medialen Verunsicherung *Menschen ihre Ängste vor anderen Dingen auf Nuklearunfälle projizieren,* vor allem in Deutschland. Weltweit sind heute 130 Kernkraftwerke in der Projektierungs- oder Bewilligungsphase.[479] Die neueste Generation der KKWerke ist **inhärent sicher.**[480] Man möchte meinen, dass man sich deshalb dieser Technologie objektiv wieder widmen würde. Vor allem, wenn ein gravierendes **Argument gegen die erneuerbaren Energien** spricht, weil diese nicht regelbar sind und nicht bedarfsgerecht produzieren. Die **Versorgungssicherheit** kontinuierlich herzustellen und zu ge-

---

[472] https://www.eike-klima-energie.eu/2019/04/27/der-tschernobyl-gedenktag-2019/
[473] http://www.rskonline.de/de/beratungsergebnisse?page=8
https://atomkraftwerkeplag.wikia.org/de/wiki/Reaktor-Sicherheitskommission_(RSK) tendenziös
[474] https://www.spiegel.de/spiegel/print/d-13525030.html
[475] https://dipbt.bundestag.de/doc/btd/19/082/1908284.pdf Seite 4
[476] https://www.eike-klima-energie.eu/2014/05/23/der-atomausstieg-eine-technische-und-energiepolitische-fehlentscheidung/ https://de.wikipedia.org/wiki/Liste_der_Kernkraftwerke https://pris.iaea.org/pris/
[477] https://www.kernenergie.ch/de/kernenergie-weltweit-_content---1--1071.html
[478] https://bravenewclimate.com/2011/03/13/fukushima-simple-explanation/ Übersetzg + 206 Komment. https://www.eike-klima-energie.eu/2011/03/14/nuklearunfall-fukushima-einfach-und-genau-erklaert/
[479] https://de.statista.com/statistik/daten/studie/157767/umfrage/anzahl-der-geplanten-atomkraftwerke-in-verschiedenen-laendern/ https://www.spektrum.de/news/kernkraftwerke-der-zukunft/1527265
[480] https://www.eike-klima-energie.eu/2019/03/19/es-klingt-widersinnig-aber-fukushima-tschernobyl-und-three-mile-island-usa-zeigen-warum-kernkraft-inhaerent-sicher-ist/

währleisten, ist aber eine **unabdingbare Forderung** aller, die auf Energie angewiesen sind. Verantwortlich dafür ist der Staat bzw. die Versorger. Weil dies bei den „erneuerbaren" Energien nicht aus sich heraus der Fall ist, müssen außerordentlich viele Extramaßnahmen getroffen werden. Aber man kann, wenn man in Deutschland in Not ist, Atomstrom vom Nachbarland Frankreich importieren.

Die Umstellung auf 100 % Erneuerbare Energien reißt in den Bundeshaushalt ein ungeheures Loch, es belastet jeden einzelnen Bürger beträchtlich. Dafür bestehen nur Schätzungen und diese sind oft nicht vergleichbar, je nachdem, welchen Eindruck beim Leser erwecken will. und es wird auf diese Situation nicht angespart.[481] Interessant ist, dass *bestimmte Kosten aus den Netzentgelten herausgelöste und in eine neue Umlage überführt werden.*[482] Den Stromkunden interessiert aber nur, was er bezahlen muss. Und da steht die Bundesrepublik im weltweiten Vergleich schlecht da.[483]

Der Treibhaus-Effekt, der Klimawandel.

Die **Gefährdung aus Kernreaktion** bleibt der Menschheit infolge der Existenz von Atomwaffen, die zur Zeit an den verschiedensten Stellen der Erde von verschiedenen Staaten eingelagert sind, erhalten, wenn es keine zivile Nutzung der Kernspaltung mit möglicher radioaktiver Strahlung mehr gibt. Der aus einem Urgefühl stammende Wunsch, frei von Gefahr jeglicher Art zu sein und so leben zu können, wird möglicherweise aber bedroht durch eine nicht ertragbare **Erwärmung** unserer irdischen Atmosphäre, woran das „**Treibhaus**"**gas Kohlendioxid**, das aus jeglicher Verbrennung von kohlenstoffhaltigem Material entsteht, mindestens mitschuldig sein soll, weshalb der Mensch an diesem Erwärmungsprozess ursächlich beteiligt sei. Das wird daran deutlich, dass der Mensch für das Erzeugen von Wärme von Urzeiten her Holz und später das aus der Erdrinde hervorgeholte Kohle verbrannte und dies statistisch als Berechnungsgrundlage der Schätzungen der emittierten[484] Kohlendioxidmengen in der Atmosphäre heranzieht. In der uns umgebenden Luft befinden sich – als gleichverteilt angenommen - durchschnittlich 0,038 % CO_2, von denen 96 % nicht durch den Menschen produziert werden, von den 4 % anthropogenem hat Deutschland nur etwa 3,1 % Anteil.[485] Über die Verweilzeit des CO_2 in der Atmosphäre und das Volumen der in Kohlendioxidsenken verschwindenden Mengen sind keine genauen Daten bekannt.

[481] https://www.eike-klima-energie.eu/2019/05/19/das-4600-milliarden-klumpenrisiko-namens-energiewende
       https://www.cicero.de/wirtschaft/was-kostet-die-energiewende/42312
[482] https://www.handelsblatt.com/politik/deutschland/strompreise-der-zweite-preisschock-netze-werden-
       kostentreiber-der-energiewende/24218440.html
[483] https://www.welt.de/wirtschaft/article190788643/Teuer-und-ineffizient-Deutschland-bei-
       Energiewende-abgehaengt.html
[484] https://www.thuenen.de/media/institute/ak/Allgemein/news/Thuenen_Report_67.pdf S. XXIII
[485] https://de.wikipedia.org/wiki/Kohlenstoffdioxid_in_der_Erdatmosph%C3%A4re
       https://de.wikipedia.org/wiki/Liste_der_gr%C3%B6%C3%9Ften_Kohlenstoffdioxidemittenten
       https://www.umweltbundesamt.de/daten/klima/treibhausgas-emissionen-in-deutschland#textpart-5

Die Absorptionswirkung der Atmosphäre war seit dem 19 Jahrhundert bekannt[486], insbesondere die der infraroten Strahlung an Gasmolekülen. Die von der Erdoberfläche wird durch bestimmte (Treibhaus)Gase an der Emittierung der Infrarot-Strahlung behindert mit der Folge einer Temperaturerhöhung des Erdbodens.[487] Eine Rückstrahlung ist nach den physikalischen Gesetzmäßigkeiten ausgeschlossen.[488] Trotzdem wird eine solche aus Treibhausgasmengen in der Atmosphäre niedriger Höhen postuliert, der als trockener **Treibhauseffekt** gegenüber dem feuchten aus Wasserdampf bezeichnet wird.

Um als existierender Effekt anerkannt zu werden, muss der (physikalische) Effekt von CO_2 oder Wasserdampf in dem offenen System der oberen Atmosphäre nachgewiesen werden, z.B. in einem nachahmenden Labor-Experiment. Bekannt ist, dass die kurzwellige Einstrahlung von der Sonne durch das Gasgemisch (mit Spuren) zur Erdoberfläche gelangt, von dort als langwellige Strahlung Richtung Weltraum reflektiert wird. Da Spurengase (u.a. CO_2) das Vermögen besitzen, Strahlungs- molekular in Bewegungs/Wärmeenergie umzusetzen, kann ein Teil als Strahlung wieder zurückgegeben werden.[489] Ob das tatsächlich der Fall ist, und insbesondere die Rolle des CO_2 als Funktion einer Grenzschicht-Konzentration, muss nachgewiesen werden, und auch deshalb, um für zukünftige politische Entscheidungen als eine maßgebende Größe benutzt zu werden. Allerdings ist heute noch fraglich, ob die CO_2-Verteilung als reflektierend wirkende Grenzschicht angesehen werden kann,[490] Die grobe Plausibilitätsprüfung über der Zeit mit Hilfe der Betrachtung des CO_2-Gehaltes der Atmosphäre und der Global-Temperatur zeigt, dass die erhöhte CO_2-Konzentration die Temperaturerhöhung nicht verursachen kann.[491]

Anfang des 20. Jahrhunderts vermutete man, dass die Tropopause mit wachsender CO_2-Konzentration durch einen Treibhauseffekt verstärkt wird.[492] *Die Hypothese, dass sich die Erde aufgrund steigender CO_2-Konzentration erwärmt, ist* **noch nie wissenschaftlich belegt worden**.[493] Es ist sogar naheliegend, dass dieser Ansatz falsch ist.[494] Trotzdem wird stereotyp angeführt, dass *der* **Mensch** *durch die Treibhausgasemissionen* **hauptverantwortlich** *für die derzeitige globale Erwärmung ist, was wissenschaftlich gesichert und gut belegt sei. 97 % der Klimaforscher seien sich darüber einig.*[495] Aber ein **Konsens** über einer heterogenen Menge an Wissenschaftlern ist **kein Argument für Sicherheit**, da müssen strengere Anforderungen erfüllt werden.[496] Auch das Simulieren des Klimageschehens z.B. in Computer-Modellen, worunter die atmosphärischen Veränderungen fallen, kann keine Gewissheit liefern, die für fol-

---

[486]   http://scienceblogs.de/primaklima/2009/06/25/geschichte-des-treibh
[487]   https://www.eike-klima-energie.eu/2012/07/01/treibhauseffekt/
[488]   https://www.eike-klima-energie.eu/2019/06/20/was-co2-tatsaechlich-bewirkt-fakten-aus-dem-lehrbuch-der-physik/ https://www.fachinfo.eu/fi035.pdf S.6 Nr. 9 Dr. Hans Penner
[489]   https://www.weltderphysik.de/gebiet/erde/atmosphaere/klimaforschung/treibhauseffekt/
[490]   http://real-planet.eu/treibhauseffekt.htm   http://real-planet.eu/gegenstrahlung.htm
        https://www.eike-klima-energie.eu/wp-content/uploads/2019/01/Experimentelle-Verifikation-des-Treibhauseffektes-Die-erdnahe-CO2-Strahlung.pdf
[491]   https://de.scribd.com/document/414175992/CO21   Erich Schaffer s.auch Fn. 375
[492]   https://de.wikipedia.org/wiki/Treibhauseffekt Mechanismus doi:10.1126/science.1084123 (Abstract)
[493]   https://www.eike-klima-energie.eu/2019/06/24/kohlendioxid-co2-waermt-es-oder-waermt-es-die-erde-nicht-teil-1/ http://www.bernhardt-privat.de/Treibhauseffekt.html
        https://www.eike-klima-energie.eu/2015/01/03/das-ende-der-hypothese-von-der-menschgemachten-globalen-erwaermung-kurz-und-buendig/ Keine verlässlichen Messungen und Beobachtungen!
[494]   http://www.bernhardt-privat.de/Teuschner.pdf
[495]   https://tinyurl.com/y4xtvac3 Irrtümer über den Klimawandel 180918_final.pdf ()www.bmnt.gv.at)
[496]   https://www.misesde.org/?p=17136 2017 Andreas Tiedtke

gen- und weitreichenden Entscheidungen notwendig ist. Möglich scheinen Wahrscheinlichkeits-Aussagen, aber auch hier wären harte Bedingungen zu erfüllen.

Durch eine Zuordnung der **Klimawissenschaft** *zum* **Verstehen** *wird klar, warum ein so reger Streit herrscht um den menschengemachten Klimawandel. Im Bereich des Verstehens kann es keine einzig richtige Aussage geben. Es werden derzeit unwissenschaftliche Begriffe verwendet, die aus den Bereichen der* **Moral** *stammen – wie „***Klimaleugner***"[497] oder „-sünder". Oder haben Sie schon einmal davon gehört, dass im naturwissenschaftlichen Diskurs Einstein als „Zeitleugner" oder „Schwerkraftsünder" bezeichnet wurde? Von Seiten der Klima-Alarmisten möchte man sich jeder weiteren wissenschaftlichen Diskussion versperren, und die Seite der „Klimaskeptiker" erprobt sich ständig darin, die Annahmen der Klima-Alarmisten zu falsifizieren.*

Für die menschengemachte globale Erwärmung wird in Anspruch genommen, dass es sich hier um eine Tatsache handele.[498] Oben wurde dargelegt, dass für eine Erwärmung unserer Erde (einschließlich der Meere) eine **Hypothese als wahrer Sachverhalt** unterstellt wird, was keineswegs gesichert nachgewiesen ist. Wenn man damit argumentiert, dass sich die globale Temperatur über einen gewissen Zeitraum gemäß der Hypothese mit steigendem globalem CO2-Wert (in der Atmosphäre) erhöhen müsste, dann müssen zuverlässige Daten her. Leider hapert es aber an der spezifischen Datenbasis, weil bereits die Ermittlung der globalen Temperatur unvollkommen ist, z.B. entweder sind die Mess-Stationen normungleich weit voneinander entfernt oder arbeiten nicht gleich qualitätskontrolliert usw.[499] Auch der historische Bezug ist unsicher[500], so gingen sogar lokale krasse Temperaturunterschiede von naheliegenden Orten unter, selbst noch im 19. Jahrhundert.[501] Man versuchte daher, eine gleiche (homogenisierte) Rechenbasis herzustellen oder sich ihr wenigstens anzunähern. Trotzdem bleiben **Unsicherheiten**, weil z.B. die globalen Wärmetransporte und -leitungen der atmosphärischen Masse und die Einflüsse aus anderen Ereignissen und der wechselnden Bewölkung unberücksichtigt bleiben, auf die regionalen Veränderungen weisen z.B. Satellitenbilder hin.[502] Hier sei noch bemerkt, dass Klimaänderungen die früheren Eiszeiten erklären können, soweit sie kritisch interpretiert werden.[503]

Dass sich politisch ein ganzer Komplex von Nutznießern der Klimawandel-Forschung gebildet hat und sogar Wertungen von Wissenschaftlern als *Wissenschaftlichkeit suggerierend* vorgenommen werden, kann nicht verwundern, denn es werden viele Vorhaben finanziell gefördert, die Gegenpartei jedoch nicht. Im Gegenteil, die Medien lassen kaum Wissenschaftler mit anderer Meinung als der Klimawandel-Bejaher zu Wort kommen. Angeblich sind die *Klimaskeptiker nicht evidenzbasiert, sondern aufgrund ideologischer Faktoren gebildet.* Wie soll da bei einer solchen Diskrepanz in den Debatten Objektivität aufkommen, wo doch die Argumentationen *unausgegoren* sind?

---

[497] https://www.eike-klima-energie.eu/2019/07/20/andreas-lieb-knuttis-gruener-schatten/ aus Weltwoche

[498] https://de.wikipedia.org/wiki/Leugnung_der_menschengemachten_globalen_Erw%C3%A4rmung

[499] https://www.google.com/search?client=firefox-b-d&q=Verlauf+globaler+Temperatur

[500] https://www.eike-klima-energie.eu/author/prof-dr-horst-malberg-1/?print=print-search

[501] http://lv-twk.oekosys.tu-berlin.de/project/lv-twk/002-holozaen-2000jahre.htm
https://www.nature.com/articles/ngeo1797

[502] http://www.esa.int/SPECIALS/Eduspace_DE/SEM6AAF280G_0.html
https://www.rtl.de/cms/dramatische-effekte-des-klimawandels-satellitenbilder-zeigen-ausmass-der-erderwaermung-2566070.html https://www.dwd.de/DE/leistungen/satellit_betrachter/sat-viewer/sat-viewer_node.html

[503] https://www.amazon.de/Politik-aufgrund-durch-Wissenschaft-ermittelten-ebook/dp/B076TJG916

Die Folgerungen.

Der Verfasser wuchs in einer Welt immensen Dranges nach technischen Neuerungen auf, als Sohn eines Chefkonstrukteurs eines großen weltweiten Chemiekonzerns, im Kontakt mit Experten ihres Faches und offen für jede Anregung. Mit dem Zusammenbruch des Deutschen Reiches nach dem Zweiten Weltkrieg änderten sich die Perspektiven dramatisch. Trotzdem arbeitete er unentwegt daran, sich einerseits einen großen Horizont des Wissens zu verschaffen und dann an vorderster Front von technischer Forschung und Entwicklung daran zu arbeiten, die Lage des Menschen zu verbessern, soweit das nach dem Stand der Wissenschaft zu erkennen war. Nach Jahrzehnten der Tätigkeit hat sich das Verhältnis zu dem Idealbild des **Menschen als denkendes vernünftiges Wesen** geschärft, aber auch eingetrübt, weil diejenigen, die Vorbilder sein sollten, die führenden Politiker Zeichen unüberlegten Handelns aufweisen.

Man behauptet, dass die digitale Welt die technischen Leistungen vermehren könnten, aber das ist nur Schein, denn im Kopf muss geistig gearbeitet werden. *Die Quantität unserer Verbindungen zu anderen Menschen nimmt zu, während die Qualität abnimmt. Die Leute starren stundenlang auf gläserne Geräte wie Handys u.ä. Wir schlafen neben unseren Telefonen ein und wachen neben ihnen auf. Wir pflegen unsere technischen Devices besser als uns selbst. Wir müssen sie mit Strom versorgen und sie warten, wenn sie ausfallen.*[504] Ihnen ist die Fähigkeit abhanden gekommen, **kritisch** das Geschehen und Handeln zu beobachten und nachzudenken. Wenigstens im eigenen Land seine Meinung zu objektivieren und sie auch zu äußern. Manch Politiker lebt in der Vorstellung, er könne eine neue Ordnung in der Welt initiieren, z.B. durch Energiewandel und Mindern eines schädlichen Gases, das zur Erwärmung der Erde beitragen soll, als ob das der Schlüssel zur Lösung der **Menschheitsprobleme** wäre. Es war und ist ein Irrtum zu *glauben, dass sich die Menschheit in eine bessere und höhere Ordnung des Bestehens kontinuierlich weiterentwickeln wird. Sehen Sie sich um und Sie werden die Früchte dieses großen Betrugs sehen. Der Mensch entwickelt sich nicht aufwärts - er dege-neriert nach unten, in immer neue Tiefen der Nachsicht, Dekadenz und Unmoral.*[505] So offenbart sich ein **menschliches Dilemma,** man hat *alle Möglichkeiten, die Welt friedlich und freundlich zu gestalten, aber stattdessen gibt es jede Menge Elend und Leid, Gewalt und Kriege, Betrug und Ausbeutung auf diesem Planeten.*[506] Offensichtlich könnte jedermann etwas dagegen tun, weil wir **denkende** Wesen sind, aber es unterbleibt, wofür es eine Reihe von Gründen zu geben scheint. Ist bei einigen Individuen das Denken nicht genügend ausgebildet, dass nicht genügend reflektiert wird? *Wenn wir denken, stellen wir immer auch implizite Fragen an uns, als würden wir die eigenen Gedanken permanent kommentieren.*[507]

Angeblich sinkt die Intelligenz, weil der Lebensstil modernisiert wird, wozu die Mediennutzung, die Verwendung von digitalen Denkhilfen und das Einsparen vom Denken durch automatisierte Denkprozesse gehören. Ein großer Teil der Individuen lässt sich lieber von Experten oder Autoritäten etwas erläutern, weil man da nicht selbst suchen oder gar noch denken

---

[504] https://www.wuv.de/specials/digital_inspiration/
die_kuenftigen_probleme_sind_groesser_als_die_menschheit

[505] https://rcg.org/de/broschuren/uun-de.html Die restaurierete Kirche Gottes. David C. Pack 20

[506] https://menschenplanet.de/destruktivitaet/problem-mensch/

[507] https://www.brandeins.de/magazine/brand-eins-wirtschaftsmagazin/2009/denken/das-gehirn-denkt-nicht

muss.[508] Die Hoffnung, von selbst würden die Menschen <u>allgemein zur **Einsicht**</u> einer notwendigen Änderung der Gesellschaft und der Politik gelangen, da man durch Bildung und Dialogbereitschaft [509] hierzu befähigt worden ist, dürfte nach der Erfahrung <u>nicht berechtigt</u> sein, weil z.B. in einer parlamentarischen Demokratie die Mehrheit Richtung und Schrittfolge des Vorgehens vorgibt und die (wahre) Aufklärung nur langsam vorankommt, es sei denn, der äußere Zwang auf das Individuum wird entsprechend groß. Aber Zweifel sind angebracht, dass ein **Kritisieren der Zustände** von den Kritisierten als „legitim" anerkannt wird; man wird sich wehren.[510] So mancher – auch Wissenschaftler - ist einer Ideologie verfallen und kann sich nicht oder nur widerwillig davon trennen. **Selbstkritik** zu üben ist eine Seltenheit. Sollte man etwa die Kritik im Internet ernst nehmen? Wer ist denn der Schreiber und kennt er sich wirklich in dem besprochenen Problem aus, ja ist er objektiv und sachlich genug? Was ist **Politikwissenschaft** und sagt sie uns, wie etwas sein müßte? Klärt sie über die gemachten **Fehler** auf, hilft sie, in Zukunft solche zu vermeiden? *Die bisherige berufsethische Einstellung führt dazu, Fehler zu vertuschen und zu verheimlichen und zu schnell wie möglich zu vergessen.*[511] Leider gilt das auch für Journalisten, deren Aufgabe das Mitwirken an der wahrheitsgemäßen und objektiven Informiertheit der Öffentlichkeit ist.

Ein **Individuum** interessiert sich z.B. meist nur begrenzt für **Politik**, weil seine persönliche Zukunft darin eingebettet ist, so insbesondere als abhängiger Arbeitnehmer, er fragt sich, ob es genügend (sichere) **Arbeitsplätze** mit hinreichenden Einkommen geben wird, wo doch einige Industriezweige ernsthaft durch politische Forderungen aus dem Klimawandel betroffen sind und umstrukturiert werden? Wenn man die kommenden Lasten ins rechte Licht rückt, geraten einige Struktur-Systeme, darunter die Verkehr- und die **Sozialversicherungssysteme** immer weiter in arge Not. Das aber ist nicht alles, denn allein die Änderungen in der Energiepolitik mit Ausschalten des Verbrennungsmotors, Dezentralisierung der Energie-Stromerzeugung usw. haben weitreichende Folgen. *Komplexe Fragen vertragen keine simplen Antworten, und Entwicklungen von weltweiter Tragweite und können nicht durch Abschottung und Rückzug in die eigene Nation gelöst werden. Vor allem aber genügt es nicht, dass Pläne gut durchdacht und rational klug sind, sie müssen auch bei den Betroffenen richtig ankommen.*[512] Nicht ohne Risiken scheint es, **alternativlos** in die Zukunft zu schauen nach dem Motto: ich weiß, was richtig und gut ist.[513] Gerade in einer Demokratie sollte das Prinzip des Einholens anderer Ansichten und Begründungen für Sachverhalte zur Pradxis-Norm gehören.

Wenn man die politische Landschaft Deutschlands und Europas anschaut, so weicht das reale von einem idealen Bild einer „**Demokratie**" ab, es werden Parteiinteressen überdeutlich und die Verschiedenheit von nationalen Zielen charakterisiert die historisch entstandenen Kulturen, schon die eingeläutete Willkommenskultur artet zu einer *Krise aus, die die Medien mehr-*

---

[508] https://www.focus.de/wissen/mensch/intelligenz/durschnitts-iq-sinkt-die-menschheit-wird-immer-duemmer_id_9103645.html https://www.aargauerzeitung.ch/leben/leben/das-raetsel-um-die-sinkende-intelligenz-macht-die-digitalisierung-dumm-134297549 https://transinformation.net/warum-die-meisten-menschen-nicht-selbst-denken/ https://www.welt.de/wissenschaft/article159033795/Wir-verlassen-uns-darauf-dass-fuer-uns-gedacht-wird.html

[509] https://www.focus.de/finanzen/altersvorsorge/rente/tid-14947/rente-mit-69-wie-die-politik-die-probleme-in-die-zukunft-verschiebt_aid_418676.html 2009

[510] https://sciweil logs.spektrum.de/wild-dueck-blog/ist-ihre-kritik-legitim-sonst-entsteht-gegenzorn/

[511] Nach Popper. Niederschrift Fensehsendung Zweites Österr. Fernsehen am 28.07.1982, 23.05

[512] https://www.zeit.de/2019/03/zukunft-politik-internet-soziale-netzwerke-demonstra

[513] https://www.politik-kommunikation.de/ressorts/artikel/das-gefaehrliche-mantra-der-alternativlosigkeit-865552143 Astrid Seville, https://www.br.de/nachrichten/kultur/alternativlos-astrid-seville-zum-sound-der-sachzwang-politik,R0EhKEb 8.8.2018 Eine Kritik der dissonanten Herrschaft. ISBN 10-3406727220

heitlich unzureichend thematisieren.[514] Wo sollen die Menschen in einem Staat die Wahrheit über die Demokratie und dessen Wesen suchen, sollen sie den Sprechern der **Politik vertrauen**, wo sie doch oft von ihnen enttäuscht werden durch Versprechen, die nicht eingehalten werden, durch uneinsichtigen Taten usw.? Der Bundestagspräsident sagt: *Demokratie beruht auf der Bereitschaft zu akzeptieren, dass andere Meinungen ihren Platz haben, auch wenn sie der eigenen widersprechen. Und anzuerkennen, dass am Ende nicht entscheidend ist, was ich denke, sondern was die Mehrheit entscheidet.* Jedoch: *Niemand ist im Besitz einer absoluten Wahrheit in politischen Angelegenheiten.*[515] Die „demokratischen" **Parteien** haben einen schlechten Ruf, das **Misstrauen** hat Tradition, aus den politischen Streitereien schält sich <u>nicht das Bestmögliche</u> heraus., sondern ein Verfahrensergebnis in der Demokratie, es ist eben oft nur ein Mehrheits- oder Koalitions"beschluss". Der Bundestagspräsident sagt weiter: *Die Demokratie beruht auf der Akzeptanz der Unvollkommenheit des Menschen.* Aber zugleich auf Werten und Tugenden, aber <u>lernt sie aus Fehlern</u>? Hört sie auf das Geraune im Volk? Wo kann dieses sich effizient (direkt) einbringen? Wie und wo kann sich das Individuum an der Überwindung der sozialen Spaltung beteiligen?[516] Kann die **Demokratiequalität** an der Beteiligung der Bürger <u>wirklich gemessen werden</u> und wie ist es um sie bestellt? Lehnen **Populisten** die Funktion der Parteien wirklich ab oder sind sie damit nur unzufrieden? Eine konkrete und normierte Begriffsdeutung des Populisten gibt es nicht, aber der Begriff wird wohl anscheinend oft absichtlich missdeutet.[517]

Wenn alle in einer Demokratie auf das **Bestmögliche** hinarbeiten, warum ist dann eine friedliche Verständigung so schwer, warum lässt man nicht die Partei- hinter den Demokratie-Interessen rangieren? Oder ist das aus das Volk repräsentierenden Parteigenossen bestehende nicht die für ein **Team** fähige und reibungsfrei sowie gemeinsam willig arbeitende Mannschaft[518]? Oder ist die Leitung vielleicht nicht perfekt? Sorgt die Führungskraft dafür, dass bei heterogener Zusammensetzung des Teams letztlich zum Ziel des Bestmöglichen hin ausgeglichen wird oder bevorzugt sie diejenigen im Team, die einer definierten Meinung möglichst nahekommen, weil es bequemer ist? Eine verantwortungsvolle Führungskraft ist sich bewußt, dass sie nicht alles selbst wissen und machen kann, es muss zurückgreifen auf andere.[519] Jedoch übertönt der Wille zur **Macht** nicht selten die anderen Argumente.[520]

Jedes Individuum hat seinen eigenen Erfahrungsschatz und Wissen und nicht jeder ist gleich geeignet und bereit, sich in die Gestaltung der Zukunft seiner Gemeinschaft einzubringen. Die Verzahnung von Institutionen und Personen mit unterschiedlicher Gesetzeskraft ist unübersichtlich, die Partizipationsperspektive wenig hoffnungsreich, die Änderungsmöglichkeiten unklar.[521] Der willige Bürger ist verunsichert, bei der Jugend kommen die Geschichtslehren nicht an, die begibt sich lieber in die Ebene mit **Visionen**, wie es wohl sein müsste, aber meidet Belehrungen. durch die „Alten".

---

[514] https://www.nzz.ch/international/funktionierende-demokratie-mit-schwaechen-ld.1455238
[515] https://www.bundestag.de/parlament/praesidium/reden/015-571398 24.09.2018
[516] https://www.bertelsmann-stiftung.de/de/unsere-projekte/monitoring-der-demokratie/projektthemen/demokratie-in-deutschland/
[517] https://de.wikipedia.org/wiki/Populismusss
[518] Nicht nur die Fraktionsvorsitzenden, sondern auch die Minister etc. gemeint
[519] Raschke, Joachim – Ralf Tils. Politische Strategie. Springer-Verlag. 2007 ISBN 978-3-531-14956-1 S.329
[520] https://www.sueddeutsche.de/politik/kanzlerin-als-fuehrungskraft-merkels-mankos-1.957430
https://www.geolitico.de/2019/07/13/eine-heimsuchung-namens-merkel/ Perfidie einer Borgia
http://www.literaturport.de/Frank-W.Haubold/ http://www.frank-haubold.de/ Curriculum vitae
[521] https://www.kas.de/c/document_library/get_file?uuid=40b824e1-5013-aaf1-be04-d666411e4fe9&groupId=252038

Was kann man für die Zukunft erwarten?

Zukunftsprognosen haben dann ihre Berechtigung, wenn sich Trends anhand gesicherter vergangener Zeiträume oder aufgrund empirischer Erfahrungen voraussagen lassen und für Unternehmensentscheidungen benötigt werden. Mitte des vorigen Jahrhunderts sorgten sich Wissenschaftler um die weitere **Existenz der Menschheit**, 1972 wurde ihr Report über die Grenzen des Wachstums[522] veröffentlicht, in dem sie die Hauptsorgen in der Überbevölkerung, der Erschöpfung ausbeutbarer irdischer Ressourcen und in der Umweltzerstörung sahen. Die 40 Jahre spätere Nachfolgestudie kommt zum Ergebnis, dass die damalige Schlußfolgerung nicht richtig sei, zumindest im Blickfeld der nächsten 40 Jahre.[523] Das ökonomische Ungleichgewicht unter den Menschen würde zunehmen, was bedeutet, dass das Ideal gleichen Wohlstands für alle eine Illusion ist. Auch die Volkswirtschaften würden sich unterschiedlich entwickeln, so dass es zu Verteilungsprozessen kommt, ja um Machtkämpfe. Solange das Arbeitseinkommen die Existenz der Individuen zu sichern hat, wird die Arbeitslosigkeit nicht verschwinden.

Auch wenn die **Zukunft ungewiss** ist[524], lassen sich allgemeine Trends aus der Neigung der Menschen erkennen, z.B. möglichst wenig Lastenbei der Verwirklichung zum Guten zu übernehmen[525] usw.: weshalb sich die Untugenden in der Menschheit weiter verbreiten werden, das kulturelle Niveau sinken wird, wenn vielleicht auch nur relativ wenig. Die Weltanschauungen und die Religion vertretenden Instanzen verlieren ihre Anzugskraft, dagegen werden andere beeinflussende Organisationen ihre Stellung auszubauen versuchen.[526] Schon früher waren auch Ängste treibend, so das Sterben der Wälder, die Verknappung des Öls usw. So manche Furcht erwies sich aber im Laufe der Zeit als irreal. Oft sind es andere Kräfte, die die Menschen in ihrem Handeln bewegt, ihre Stimmung beeinflusst. Manche sehen die Natur zurückgedrängt, die Tierwelt an Arten weniger, die Welt dreckiger und zerstörter werden. Dabei ist der Mensch vielfach beteiligt. **Warum tut der Mensch so etwas?**[527] Ist er sich dessen nicht bewusst? Gehören die Untugenden zum menschlichen Wesen an sich?

Der Anteil der Menschen, die ihr Leben nicht (zum Guten, Vernünftigen) verändern, nicht in den Griff bekommen wollen, ist gering. Aber diese Minderheit ist bestimmend für das Leben der Gemeinschaft, denn sie haben vielfach **Macht,** sind aber dennoch sie **Störer** im Streben nach Frieden und Gerechtigkeit.. nach einer Welt, wie sie fast alle Menschen erwarten. Da leuchtet ein, dass diese aus dem Weltgeschehen zu entfernt sind. Darauf gibt es derzeit keine Lösung, eine Erziehung (aller) scheint unwirksam.

Endlich regiert wieder die Vernunft, freut sich ein Bundesverband der sozialen Dienste[528]. Mancher Journalist beklagt: statt Ideologie sollte die Vernunft walten. Ist ein Konsens ein Ziel der Vernunft oder ist es das Argument des Besseren? Wenn zwei zusammengehen, um Macht

---

[522] https://de.wikipedia.org/wiki/Die_Grenzen_des_Wachstums
[523] https://www.fr.de/wirtschaft/jahr-2052-wissenschaftler-veroeffentlichen-zukunftsprognose-11321187.html
[524] https://www.sueddeutsche.de/kultur/zeitgeschichte-zwischen-wunder-und-wahn-1.3354576
[525] https://www.pedocs.de/volltexte/2018/13970/pdf/
ZfPaed_1992_4_Brumlik_Zur_Zukunft_paedagogischer_Utopien.pdf S. 533 von z.B. S.529-545
[526] http://www.bpb.de/izpb/25179/zukunftsprognosen
[527] https://www.mafo.com/allgemein/unsere-erde-in-50-jahren/
[528] https://www.presseportal.de/pm/17920/4242122 Über die Reaktion der Bundesregierung

ausüben zu können, so muss das nicht vernünftig sein, wenn die Menschen meist auch **ohne einen Denk-Wägeprozess** des für und wider zum Ziel durchstehen.[529] In kritischen Situationen handelt man manchmal spontan nach der Devise: *Bei komplexen Entscheidungen scheint die Form der **Intuition** der rationalen Abwägung überlegen zu sein.* Aber darf das auch für weitreichende politische Entscheidungen gelten? Eher nicht. *Am besten ist ein Vorgehen **ohne Bevormundung durch Politiker und Ideologen**, die wertvolle Ressourcen, Gelder und Zeit in unproduktiven Sackgassen vergeuden, äußert* radikal einer aus einer industriellen Konzernspitze[530] Abgemildert könnte man fragen: wie kommen wir Menschen an **vernünftig handelnde Politiker** in unserer westlichen Demokratie? Weg von schwafelnden oberflächlichen Wortdreschern?[531]

Es ist kaum zu erwarten, dass alle Menschen vernünftig denken und handeln werden, trotz der bestehenden pädagogischen Möglichkeiten. Darauf scheint das Naturell der Menschen einfach nichtangelegt zu sein. Ob es gelingt, wenigstens die bestimmenden Politiker durch Organisation und Auswahl zu bestmöglichem und vernünftigen Wirken zu bringen, ist wohl ebenso unwahrscheinlich, denn dafür passen die jetzigen Staatsformen nicht. Wenn aber das Aussparen vom Denken in Zukunft immer weiter fortschreitet, wird die Welt schließlich untergehen, denn wir haben **Probleme zuhauf** und Köpfe allerorten, nur nicht immer die besten. Die realen Zukunftsaussichten zu einer gesunden Weltordnung sind nach Expertenmeinung schlecht, obwohl die meisten **Probleme und Risiken menschenbedingt** und wohl **lösbar** sind[532] In Afrika wird ein Unruheherd wegen der Bürgerdrangsalierungen vermutet, weltweit werden die Einkommensunterschiede krasser und ergreifen immer mehr Menschen, die politischen Bemühungen zur Beseitigung sind offenbar zu gering. Als bedrohlich werden die **Risiken aus den Prozessen der Erdoberfläche** wie Erdbeben, Vulkanausbrüche usw. eingestuft, gegen die man allerdings nur Vorsorge treffen kann.[533]

Unter den größten Risiken ragen die (finanziellen) Schulden[534] und die aus Kernreaktionen hervor. Im Bereich der friedlichen Nutzung von Kernenergie besteht in Deutschland nur noch eine gewisse Kompetenz deutscher Fachleute, die sich der Sicherheit verschworen haben.[535] Dagegen besteht die **Gefahr eines nuklearen Krieges** nach wie vor – und wir kennen vor allem nicht die Größe des Risikos, das statt kleiner größer wird[536], weil wir die Individuen nicht kennen, die hier ansetzen und Sicherheit gewähr-leisten können.[537] Keinen unmittelbaren Einfluss haben wir auf **Naturkatastrophen**, wohl aber auf die Menschen und ihre **Vernunft-Einsicht** in die wahren Risiken, wenn man sich denn wirklich vergewissern will.

[529] https://www.dasgehirn.info/denken/emotion/verstand-gegen-gefuehl
[530] https://jungefreiheit.de/debatte/kommentar/2019/zurueck-zur-vernunft/ Industrie-
[531] https://www.nachdenkseiten.de/?p=52545 globale Umschwünge Markus Klöckner 16.06.2019
[532] https://www.welt.de/wirtschaft/gallery112540126/Die-groessten-Risiken-fuer-die-Welt.html 2013 https://www.businessinsider.de/eurasia-group-10-groesste-risiken-welt-2019-2019-1
[533] http://www.inst.uni-giessen.de/akgeom/wp-content/uploads/Denkschrift-2009.pdf S. 29 -49
[534] https://de.sputniknews.com/kommentare/20190802325549942-246-billionen-bombe-fuer-weltwirtschaft/ https://tinyurl.com/y29k68a2 https://sptnkne.ws/BRvO Schulden durch Zentralbanken
[535] https://www.vdi-nachrichten.com/Technik/Das-Ende-Deutschen-Atomforums
[536] https://deutsch.rt.com/international/90819-russland-fordert-usa-und-nato-moratorium/
[537] https://sicherheitspolitik.bpb.de/m6/articles/nuclear-terrorism-myth-or-a-real-danger

Seenotrettung – ein Fall von Vernünftigkeit?

Wir haben im Mittelmeer ein ethisches Dilemma vor uns: 1) Rettung vor dem Ertrinken **oder** 2) verwerfliches Ausnutzen humanitärer Hilfe für den Zweck, nach Europa zu gelangen.[538] Eine Pflicht zur **Hilfeleistung** bei in Seenot geratener Menschen ergibt sich bereits aus dem Men-schenrecht[539] und ist auch verankert als Völkergewohnheitsrecht.[540] Als Seenot wird eine Situa-tion erklärt, in der z.B. ein Wasserfahrzeug festes Land nicht erreichen kann, medizinische Versorgung von Menschen auf dem Boot vonnöten ist.[541] Vorausgesetzt wird, dass sich die Fahrzeugführer nicht bewusst oder vorsätzlich **in eine solche Gefahr** begeben haben oder mit ihr rechnen mussten, weshalb z.B. Führer eines Segelbootes eine entsprechende Vorsorge-Schulung absolvieren müssen oder sollten. *Eine gute Seemannschaft ist, wenn nötig z.B. infolge schlechter Wetterlage - im Hafen bleiben oder sich in Sicherheit bringen.- Setzen Sie nicht ihr Leben aufs Spiel!*[542] Flüchtlinge sollen nicht in einen Staat zurückgebracht werden, vor dem sie geflohen sind.[543]

Das **Politische Problem** besteht nun in der Verflechtung privater Organisationen, als Flücht-linge bezeichnete Bootsinsassen aus seeuntüchtigen Schlauchbooten zu übernehmen, die sich von ihnen bezahlten Helfern (Schleppern) anvertraut haben im Vertrauen darauf, von diesen nach Europa gebracht zu werden.[544] Dazu haben die „Flüchtlinge" kein Anrecht, aber für die **Lösung der Unterbindung dieser Wegenutzung** muss ein erfolgreiches Mittel gefunden werden, was nicht in der unheilvollen Verquickung Schlepper-Helfer[545] und einfachen Vertei-lung auf europäische Länder bestehen kann, denn eine drohende Völkerwanderung ist sicher zu vermeiden.[546] Von einer Partei wird vorgeschlagen, die Attraktivität Deutschlands für Mi-granten zu verringern, jegliche Schleusung über See dem Ertrinken von Migranten auf der Überfahrt ähnlich der „No Way-Politik"[547] Australiens ein Ende zu setzen.

---

[538] https://www.cicero.de/aussenpolitik/seenotrettung-sea-watch

[539] https://www.bundestag.de/resource/blob/479390/b5046e625b072a51148b0d2b455df896/wd-2-078-13-pdf-data.pdf Seite 7, Fußnote 11 dort Artikel-Quellen AllgErklMT

[540] https://www.bundestag.de/resource/blob/535236/262c8b171d4d88f9710a25df757194b5/wd-2-106-17-pdf-data.pdf S. 1, Fußnote 1

[541] https://de.wikipedia.org/wiki/Seenot https://www.admin.ch/opc/de/classified-compilation/20040579/index.html#a98

[542] https://sicher-auf-see.de/sportarten/segler/sicherheit-praxis/
https://www.seenotretter.dehttps://www.seenotretter.de
https://www.bmvi.de/SharedDocs/DE/Artikel/WS/maritime-notfallvorsorge.html

[543] https://www.bundestag.de/resource/blob/525940/35ab2277c0fa202a591822c202c6fa72/wd-2-053-17-pdf-data.pdf Seite 10 GFK Artikel 33 Refoulement-Verbot

[544] https://causa.tagesspiegel.de/migration%20und%20integration/streit-um-fluechtlingsretter/mitleid-ist-keine-loesung.html *Die gute Absicht allein genügt manchmal nicht, um wirklich Gutes zu tun.*

[545] https://afdkompakt.de/2019/07/11/die-schleuserei-unter-missbrauch-der-seenotrettung-generell-unterbinden/

[546] https://www.theeuropean.de/werner-patzelt/eine-faire-debatte-ware-in-deutschland-endlich-mal-notwendig/ https://www.theeuropean.de/werner-patzelt/wie-weiter-mit-europa-kommt-jetzt-die-neue-volkerwanderung/

[547] https://de.wikipedia.org/wiki/Migrations-_und_Asylpolitik_Australiens
https://www.deutschlandfunk.de/australische-fluechtlingspolitik-bootsfluechtlinge-ohne.799.de.html?dram:article_id=423461

Die Treibhauswirkung von Kohlendioxid

Die Erde ist von einer Gashülle umgeben, deren Zusammensetzung sich im Laufe der Erdgeschichte änderte[548] und deren Hauptanteile heute mit etwa 78 % Stickstoff und mit 21 % Sauerstoff sind, wobei letzterer beispielsweise durch Photosynthese grüner Pflanzen erzeugt und freigesetzt und als für Organismen wichtig erachtet wird.[549] Auch Spurengasen sind enthalten, so Argon mit 0,9 % und Kohlendioxid gegenwärtig mit 0,035 % Volumenanteil, jedoch real ungleich verteilt.[550] Die CO_2-Konzentration weist eindeutig einen regionalen Jahresgang auf, der auf der Nordhalbkugel besonders deutlich wird.[551] Das „Wabern" des CO_2-Konzentration ist messtechnisch zu beobachten und hat Auswirkungen auf das Ermitteln einer globalen CO_2-Konzentration und auf deren Verweilzeit.[552] Wesentlich für das Geschehen in der Atmosphäre ist der durch Kondensation entstandene Wasseranteil bis zu 4 %, deren Verteilung für die Menschen oft an Wolken sichtbar ist. Außerdem befinden sich in der Gashülle noch Luft-verunreinigungen, die z.T. durch den Menschen hervorgerufen sind, deren Entstehen aber zu verhindern oder zu mindern gesucht wird. Zuweilen werden sie durch die Luftbewegungen sehr weit transportiert.

Den Menschen ist die Wirkung von Strahlung seit jeher bekannt, denn die Sonne ist eine be-deutende Quelle für elektromagnetische Wellen. Die (idealisierte) Größe wird mit Solarkonstante angegeben in der Einheit W m², die gewissen Änderungen unterliegt. Die physikalischen Strahlungsgesetze gelten auch für das System Sonne-Atmosphäre-Erde. So besteht eine Wechselwirkung zwischen Strahlung und Materie in der Art einer Absorption, eines Energie-transfers zwischen Fotonen und Molekülen. Von der an dem Oberrand der Atmosphäre an-kommenden Sonnenstrahlung wird durch Sauerstoff- und Ozonmoleküle ein kurzwelliger Strahlungsanteil herausselektiert und gelangt durch die Atmos-phäre zu uns. Je nach Oberflächenart wird ein Teil der an der Erdoberfläche ankommenden Strahlung klimadifferenzierend reflektiert; diese terrestrische Strahlung ist langwellig. Die gleichzeitig an den verschiedenen Stellen der Atmosphäre ablaufenden dynamischen Prozesse analytisch dazustellen, ist sehr schwierig. Eigentlich können wir nur feststellen[553], dass die Erdtemperatur im geschichtlichen Zeitraum in einem „Normal"bereich bleibt, weshalb man vermutet, dass Ausgleichsprozesse statt-finden, die verhindern, dass sich die Erdoberfläche/Atmosphäre ständig erwärmt oder abkühlt. Wichtig für eine Schlußfolgerung ist, dass man es mit gesicherten Messdaten oder Rekonstruktionen zu tun hat. Denn dazu sind wissenschaftlich Unsicherheits-Angaben nötig, weshalb Daten ohne nur orientierenden Wert haben können.[554] Bei einer **Prüfung von Vorhersagen für das globale Klima auf Vernünftigkeit** setzt man hier an, was besonders dann angezeigt ist, wenn politische Entscheidungen von weitreichendem Einfluss sind und schwerwiegenden Folgen haben können. Das gilt besonders für die geringere **Wirkung von CO2** im Verhältnis zu Wasserdampf.

Hartnäckige Verfechter bestimmter Thesen neigen dazu, in ihren Vorträgen Behauptungen als Fakten darzustellen, in dem sie Begründungen in geeigneter Weise formulieren, aber eine **Wolkenbildung** ist z.B. nicht exakt vorherbeschreibbar. *Anders als weithin geglaubt wird, ist der CO2-Anstieg mit*

---

[548]   https://de.wikipedia.org/wiki/Entwicklung_der_Erdatmosph%C3%A4re

[549]   https://www.eike-klima-energie.eu/2019/02/15/wie-schaedlich-ist-co2-wirklich-fuer-unser-klima/

[550]   https://www.faz.net/aktuell/wissen/klima/klimaforschung-kohlendioxid-ueber-den-subtropen-konzentriert-1713327.html   http://www.pci.tu-bs.de/aggericke/PC5/Kap_IV/Atmosphaere.htm

[551]   https://www.grin.com/document/96273 Malte Hövel, Universität Bonn, 1999
http://www.maltehoevel.de/ich/ref/hausarbeiten/klima.htm MIT Bildern/Tabellen
https://www.scinexx.de/news/geowissen/neuer-blick-auf-das-irdische-co2/ 2016 NASA/JPL „Wabern" CO2

[552]   https://kaltesonne.de/wird-die-co2-verweildauer-in-der-atmosphare-uberschatzt/ 2017

[553]   https://wiki.bildungsserver.de/klimawandel/index.php/Klima_der_letzten_1000_Jahre
https://www.eike-klima-energie.eu/2019/06/22/warum-und-wie-aendert-sich-das-erdklima/

[554]   https://tinyurl.com/y4lzlyoc

vermuteten Folgen für das Klima weder durch Umfrageergebnisse von Sozialwissenschaftlern noch durch Exegese politischer oder religiöser Schriften, auch nicht durch Greenpeace und seine Aktivisten entdeckt worden.[555] *Sollte es mir jemals gelingen, die Wolken komplett zu verstehen, wird es mir vermutlich immer noch schwerfallen, so manche Politikerentscheidung zu verstehen.* In Klimamodellen ist nur das Verstandene oder mit einer gewissen Wahrscheinlichkeit vermutete verarbeitet, daher mit **Ungewißheiten** behaftet und deshalb in geistigen Auseinandersetzungen kritisch einzubringen.[556]

So dürfte z.B. unrealistisch dürfte sein, dass zu erwarten sei, dass der Meeresspiegel (durch den Klimawandel) gewaltig steigen wird, denn wir leben in der Holozän-Warmzeit, seit der letzten Eiszeit vor 12 Tausend Jahren ist der Meeresspiegel etwa 30 cm/Jahrhundert angestie-gen. Ein dramatischer Anstieg ist nach den jetzigen Erkenntnissen in absehbarer Zeit nicht zu erwarten, wobei es darauf ankommt, von welcher Qualität die Daten[557] und in welchem Kon-text sie zu deuten sind.[558] In der Aufbereitung von Nachrichten werden jedoch in das allgemein gewünschte und propagierte Bild der Klimazukunft eingepasst, so dass der Konsument sich ständig bestätigt fühlt: "so ist es". Wer aber sagt ihm, was wahr, was vernünftig zu denken wäre? *Gute Naturwissenschaftler haben mit guten Journalisten eines gemeinsam: Sie dienen der **Aufklärung**. Das Problem, das die Klimaforschung hat – und die Menschen, die mit ihr zu tun haben – ist weniger die Forschung selbst, sondern deren **Interpretation**.*[559] Wenn das einzelne Individuum sich selber Gewissheit verschaffen will, muss er auf die Suche gehen.[560] *Wirklich verlässlichere Kenntnisse zu erwerben, kostet Zeit und macht oft auch Mühe. Und doch zahlt sich dieser Weg aus, wenn Sie wirklich auf der Suche nach Verständnis sind.*

Eine politische Entscheidung auf der Basis von Ungewissheit der **Bedeutung des Einflusses von CO2 auf das Klima** und die gesamte Energieversorgung im Lande sollte nicht ohne Ab-wägung der Folgen infolge aller nationalen und internationalen Verflechtungen getroffen wer-den und auch nicht unter Eile, solange noch Energieressourcn fossiler Art zur Verfügung ste-hen, solange keine Eile geboten ist und nicht klar ist, wieweit global eine einheitliche Auffas-sung zustande gekommen ist, denn wem nützt ein Alleingang, eine isolierte politische Haltung? *Deutschland und die Europäische Union (EU) können selbst bei vollständiger Rück-führung ihrer Treibhausgasemissionen nur einen sehr kleinen direkten Beitrag zur Eindämmung der Erderwärmung leisten.*[561] *Daher muss die globale Koordination ein wesentliches Element der deutschen Klimapolitik sein und eine Bewegung in Richtung einer welt-weit einheitlichen Bepreisung von Treibhausgasemissionen bewirkt werden.*[562]

Dass der Mensch mit seinen Tätigkeiten in den letzten Jahrtausenden einen gewaltigen Einfluss auf die Natur hat, ist vielfach bewiesen.[563] Dass bei dem Aufstellen der Rangfolge der Einflüsse und Faktoren auf das Klimageschehen die Unterschiedlichkeit der Forschungsgebiete und der jeweiligen Grundhaltung zur Vernünftigkeit des Denkens von Belang sind, gehört zur Menschlichkeit und zeigt sich nicht zuletzt in den verschiedenen politischen Vorstellungen von dieser irdischen Welt, z.B. in den USA und in Deutschland.

---

555 https://www.mpg.de/786260/MPF_2010_1.pdf S. 3 Präsident MP-Ges. Hubert Markt, + S. 16ff., S.23
556 https://rlrational.wordpress.com/category/co2-konzentration/
557 https://tinyurl.com/y47cyahz
558 https://rlrational.files.wordpress.com/2018/12/Die-Angst-vor-dem-Anstieg-des-Meerespiegels.pdf
     Gegensatz: https://correctiv.org/aktuelles/steigende-meere/2017/07/28/philippinen-allein-gelassen
559 https://www.cicero.de/innenpolitik/weniger-al-gore-und-etwas-mehr-wissenschaft/47506
560 https://tinyurl.com/y3ahxb5n TU Freiberg, 2010, S. 5ff. S.,9
561 https://www.umweltbundesamt.de/themen/klima-energie/klimaschutz-energiepolitik-in-
     deutschland/treibhausgas-emissionen/wie-funktioniert-die-berichterstattung z.T. hochgerechnet
562 https://www.sachverstaendigenrat-wirtschaft.de/sondergutachten-2019.html
563 https://www.scinexx.de/news/geowissen/klimawandel-beispiellose-kohaerenz/ unterschiedliche

Vita des Autors.

Auszug

- 1926 in Berlin
- 1933 – 1945 Domgymnasium Merseburg
- 1943 – 1944 Luftwaffenhelfer, RAD, 1944- 1945 Kriegsmarine
- 1945 - 1948 ML-Universität Halle., politischer Flüchtling
  - Als Student in Chemiewerk
  - Praktische Berufe: Technischer Zeichner, Schlosser, Schweißer
- 1948 bis 1955 Technische Hochschule Braunschweig
- 1955- leitender Ingenieur in der Industrie Konstruktion, Forschung und Entwicklung
  - Tätigkeiten in Forschungsinstituten
  - Mitglied in verschie4denen Arbeitskreisen, Obmann/Vorsitzender in
    - Arbeits- und Normausschüssen

    1977 Dr.-Ing. TU Berlin/FU Berlin

Autobiografie > 600 Seiten (Stadtarchiv Dülmen) mit Listen der Arbeiten, Veröffentlichungen